Autonomie und Gnade
Über Mozarts Opern
Ein Essay

Das Buch

Im Sommer 1791 wurde das flüchtige Königspaar Frankreichs von seinem Volk verhaftet. Zur selben Zeit war Mozart damit beschäftigt, für seinen Kaiser Leopold II. eine Krönungsoper, ›La clemenza di Tito‹, zu schreiben, die den allen Verschwörern gegenüber gnadenvollen Herrscher preist. Ivan Nagel fragt in seinem konzentrierten Essay, der Musik und Text der sieben letzten Mozart-Opern miteinander vergleicht, ob die große Gnaden-Oper, die Opera seria, noch möglich ist, wenn die Welt nicht mehr an die gottgewollte Herrschaft der Herrscher glaubt. Hat Mozart das Thema der Gnade, das er als Lohn bürgerlicher Bewährung in seine Singspiele, als beglückende Verzeihung in seinen ›Figaro‹-Schluß gerettet hat, nur aus Untertanenpflicht behandelt? Besteht nicht vielmehr das Wesen der deutschen Klassik Goethes, Mozarts und Beethovens in einer einmaligen Synthese von Autonomie und Gnade? Diese Epoche, so scheint es, ist der Ort, »an dem die Souveränität eines Einzigen abgelöst wird von der Freiheit des Einzelnen. Gnade und Autonomie trennen, bekämpfen, durchdringen sich dort: zwei Zeiten, zwei Staatslehren, zwei Ontologien«. Dieser Versuch einer Typologie der Opern Mozarts ist daher zugleich eine hervorragende Analyse des zu Ende gehenden 18. Jahrhunderts.

Der Autor

Ivan Nagel, 1931 in Budapest geboren, studierte Philosophie in Frankfurt/Main, danach war er Musik- und Theaterkritiker der Deutschen Zeitung, 1961–1969 Chefdramaturg der Münchner Kammerspiele, 1972–1979 Intendant des Deutschen Schauspielhauses in Hamburg und 1985–1988 Intendant des Schauspiels an den Staatstheatern in Stuttgart. 1989 übernahm er eine Professur an der Hochschule der Künste in Berlin. Veröffentlichungen u. a.: ›Gedankengänge als Lebensläufe‹ (1987), ›Kortner, Zadek, Stein‹ (1989).

Ivan Nagel:
Autonomie und Gnade
Über Mozarts Opern

Deutscher
Taschenbuch
Verlag

Bärenreiter
Verlag

Ungekürzte Ausgabe
April 1991
Gemeinschaftliche Ausgabe:
Deutscher Taschenbuch Verlag GmbH & Co. KG,
München, und
Bärenreiter-Verlag Karl Vötterle GmbH & Co. KG,
Kassel · Basel · London
© 1988 Carl Hanser Verlag, München · Wien
ISBN 3-446-15178-8
Umschlaggestaltung: Celestino Piatti
Umschlagabbildung: Archiv für Kunst und Geschichte,
Berlin (Ludwig Sievert: Bühnenbildentwurf zu
Mozart ›Figaros Hochzeit‹, Mailänder Scala 1937)
Gesamtherstellung: C. H. Beck'sche Buchdruckerei,
Nördlingen
Printed in Germany
ISBN 3-423-11359-6 (Deutscher Taschenbuch Verlag)
ISBN 3-7618-1011-3 (Bärenreiter-Verlag)

Inhalt

I. Der Untergang des Souveräns

> »... resterà ben poco
> Dello spazio infinito,
> Che frapposer gli Dèi fra Sesto e Tito.«
> Metastasio

I

Drohen und Flehen sind die beiden Gebärden, von denen aller Ausdruck der Opera seria abstammt. Ihr dialogischer Wechsel durchpulst den Gesang mit schmerzvoller Beredsamkeit; doch haben Vehemenz und Pathos solchen Widerstreits zuvor schon, die Gattung begründend, Musik überhaupt erst zur Sprache, Sprache zur Musik gedrängt. Drohen und Flehen (Monteverdis »Ira« und »Supplicatione«) sind der Ernsten Gattung nicht Episode der Handlung, sondern Quelle der Form. Darum klammerte sich die Frühgeschichte der Oper, ihres Daseinsrechts noch ängstlich ungewiß, an den Orpheus-Stoff: Der Erzürnte erhört den ihn Anflehenden nur, wenn er singt. Der Oper braucht es, um in einem Weltgefüge vernichtend übermächtiger Willkür gramtrunken, klagebesessen eine Chance für *Gnade* einzufordern. – Die Fabeln in Musik reichten nun anderthalb Jahrhunderte lang, wie die Ausdruckstypen, vom Schicksalsfluch/Urteilsspruch über die Wehklage bis zur Besänftigung. Das allein verstand der Komponist von der Antike, sooft er sie nicht in Armidas Zaubergärten vergaß: Übersetzung eines Herrschaftsbezugs in Dialogzeit, Rücknahme der Dialogzeit in Gnadentableau (Katharsis). So noch Gluck mit dem barockverballhornten Aristoteles: Im »einzigen Kontrast« eines »ehern daherschreitenden« und eines »leidenden zarten« Motivs bewegt sich die Ouvertüre zur Aulischen Iphigenie; sie faßt »die große Idee der griechischen Tragödie, indem sie uns *abwechselnd*«, also *rollen-*

verteilt, »mit Schrecken und Mitleid erfüllt« (Wagner). – Der Drohende, Schreckende heißt Gott oder Monarch, der Flehende, Leidende: der Mensch als Untertan. Die Opera seria ist die Gattung des Absolutismus. *Autonomie* kennt sie nur erst als Souveränität, Privileg eines Einzigen.

Zwei Mozart-Opern der Ernsten Gattung werden jüngst immer häufiger aufgeführt. Den Einbruch von ›Idomeneo‹ und ›La clemenza di Tito‹ ins Repertoire erzwangen integerste Regisseure und Dirigenten, denen der Numerus-clausus-Pakt zwischen Intendantenfeigheit und Publikumsfaulheit an den großen Opernhäusern zuwider war. Die Einengung auf Meisterwerke ließ einst (hinter besitzbürgerlich gehäuftem Bildungsschatz) noch den Kanon als innerstes Sinnbehältnis einer Hochkultur aufleuchten; ihre Repetitivität heute gleicht sich der ausgelatschten Hörroutine von Schlagerfans an, die jede Musik lieben, wenn sie nur oft genug über sie ergangen ist. – Industrie und Medien haben am »Meisterwerk« den Akt des Erkennens durch den Reflex fröhlichen Wiedererkennens ersetzt. Doch auch die Chance der »Unbekannten Meisterwerke«, noch in Ohr und Gehirn zu gelangen, spülen sie mit Produktschwemmen neualter Titel fort. Ob ›Idomeneo‹, ›La clemenza di Tito‹ einen Kanon erfüllen, verfehlen, sprengen, wird durch ihre plötzliche Präsenz in Phono und Video kaum weniger verstellt als durch ihre lange Absenz vom Repertoire. Was überhaupt ein Kanon der Opern für uns sein und taugen kann: die Frage läßt sich weder an der Vervielfältigung und Einfalt aktueller Rezeption entscheiden, noch aber durch Flicken morsch gewordener Repertoire-Schranken abwehren. Das Richtbild, Wunschbild eines Bleibenden wäre nur noch dem Wandlungsgesetz der Gattung selbst abzufragen.

Ein Ruch der Absurdität verfolgte seit je die Kunst, »wo man bei der Zerstörung einer Stadt Arietten singen und um ein Grab tanzen muß« (Voltaire). Selbst die Beliebtheit ihrer Praxis heilte nicht, solang Nachahmungsdenken über die europäische Ästhetik herrschte, die Verwundbarkeit ihrer Theorie. In dieser Bedrängnis wuchs der Oper eine singuläre Kraft zu: Jedes ihrer Hauptwerke hat den Auftrag und das Vermögen, die Gattung von Grund auf neu zu rechtfertigen. Von ›Figaros Hochzeit‹ wie von ›Tristan und Isolde‹ strahlt mehr als die greifbare Herrlichkeit ihrer Details: Evidenz, ein Ort im Menschen sei gefunden, aus welchem Gesang notwendig aufsteigt. Schier durch Töne alles Fühlen, Sagen, Handeln in neuen Bezug zueinander gerückt zu haben, zeichnet trotz satztechnischen oder dramaturgischen Schwächen ›Boris Godunow‹ vor den ›Meistersingern‹, vier Jahrzehnte später ›Pelléas et Mélisande‹ vor ›Salome‹ aus. Dies allein, daß sie die Geschichte des Subjekts weiterschrieben, trennt ein Bündel Werke als den besseren, hierarchiefreien Kanon aus dem ungeschlachten Corpus sämtlicher Opern. – Auf das Dilemma aber, daß die Oper nur das Unnachahmliche als das Beispielhafte anerkennt, hat die Wissenschaft von ihr mit Spaltung der Methodik reagiert: in einfühlende Werkexegese und trocken historistische Typenlehre. Die Idee vom Kanon als der Sammlung unwiederholbarer Muster verkam in den Opernführern.

Die sieben Opern aus Mozarts letztem Lebensjahrzehnt, denen nuancierteste Belebung der Menschengestalt auf je verschiedene, beispiellos-beispielhafte Weise glückte, fordern die Betrachtungsart des Kanons. Die Frage nach Gehalt und (Un-)Stimmigkeit von ›Idomeneo‹ und ›La clemenza di Tito‹ – der Mozartschen Seria – dient hier einübend einer anderen: Gibt es in Mozarts Opern eine leitende Denkfigur, welche die Typologie seiner Serie, Singspiele, Buffe durchstößt, um dann Werk nach Werk als kanonische Schöpfung zu beleuchten: als unwiederholbaren Augenblick im Aufbruch des Subjekts? Solche Figur müßte den Ort umschreiben, an dem die Souveränität eines Einzigen abgelöst wird von der Freiheit des Einzelnen. Gnade und Autonomie trennen, bekämpfen, durchdringen sich dort: zwei Zeiten, zwei Staatslehren, zwei Ontologien.

Wenn die Handlung der Ernsten Gattung vom Urteilsspruch göttlich-fürstlichen Zorns hinstrebt zu dessen endlicher Besänftigung – dann steht »clemenza«, die Gnade von oben, so regelhaft am Ende der Seria, wie die Verlobung am Ende der Buffa. Das besagt, daß die Ernste Gattung immer zwischen zwei Ständen, die Lustige immer in einem einzigen Stand, der Menschheit, spielt. Mozarts ›Figaro‹ und ›Tito‹ scheinen den Satz auf je konträre Weise zu widerlegen – die Buffa auf Standesunterschiede, die Seria auf den Begriff der Menschheit zu gründen. Das Paradox löst sich für ›Figaro‹ mit einem Geniestreich: Eben jener Stachel des Gattungswidrigen in ihm treibt die Gattung zu ihrem reinsten Triumph. Als Mozart seiner Ensembleoper, in deren hold verflochtenen Stimmen immer schon das letzte Finale der Gleichheit unter Freien vorhallt, eine Intrige der Ungleichheit unterlegte – da lieh er jeder Situation Fülle an Hindernissen und Gefahren, dem Ganzen hingegen schlank unaufhaltsamen Drang zum Telos der Versöhnung. Erst jenseits aller Kämpfe um Stand und Privileg, mitten in der Gewährung des Schlusses dürfen die dramatis personae einhalten: Sie greifen nicht nach ihrem Glück, sondern feiern andachtsvoll, ein Chor ohne Trennungen, was ihnen schon zuwinkt als ein lächelnd Ankommendes: »Ah, tutti contenti *saremo* così!«

Anders steht es um das Paradox von ›La clemenza di Tito‹. In Metastasios Libretto einer reinen Rezitativ- und Arienoper von 1734 hat Mozart (als er es nach fast sechzig Jahren und vierzig anderen Komponisten vertonte) acht Ensembles montieren lassen; in nicht weniger als dreien singt Titus mit. Der Kaiser ergreift einen Part unter Parten, um sich zu rechtfertigen, ja zu entschuldigen als Mensch unter Menschen. In seinem Auftrittsrezitativ entsagt er mit den »divini onori« auch fürstlicher Gottähnlichkeit. Destruiert ist so der Raum der Seria: die Pathosspanne zwischen Drohendem und Flehendem, zwischen

Souverän und Untertan. Wie könnten Angst, Hoffnung nach Gnade rufen und ringen, da Titus, ein tenoral steifer, bleicher Gipsabguß Sarastros, immer schon kundtut, nicht »ein Unmensch, ein Tyrann«, sondern »ein Mensch zu sein«? Dürre Konfliktarmut befällt das Detail, flaue Ziellosigkeit das Ganze, wird doch der Kaiser ab den ersten Takten als der Gütigste und Gnädigste gepriesen – vom Rebellen, der ihn ermorden soll. Über das abgekartete Tauschgeschäft der Großmut zum Schluß, das in der Spätseria, alle Fährnisse zur Fiktion entwertend, dem Fürsten stets Nachruhm, den Verschwörern stets Beförderung einträgt, höhnte der Risorgimento-Republikaner De Sanctis: »tutti eroi e tutti contenti«.

Wurde die Buffa ›Figaros Hochzeit‹ vorangetrieben durch die Anmaßung von Ungleichheit unter wesenhaft Gleichen – so könnte die Seria ›La clemenza di Tito‹ bewegt werden vom Trachten nach Gleichheit unter wesenhaft Ungleichen: Verschwörung. Vom Anschlag der Republikaner auf die Monarchie handelt das scheinbar kaum abgeänderte Vorbild für Metastasios Libretto, eines der großen politischen Stücke der Neuzeit: Corneilles ›Cinna‹. Dessen Erstausgabe 1641 trug den Untertitel ›La clémence d'Auguste‹. Augustus erscheint am Ende seiner blutigen Eroberung der Herrschaft, das heißt auch: am Ende des Bürgerkriegs. Seine Souveränität, jede unumschränkte Souveränität versteht sich als die Macht, die »les fureurs d'une guerre civile« beendet – legitim, bis das Volk vergißt, was es im Krieg aller gegen alle tat und litt. ›Cinna‹ entstand bald nach den Religionsmassakern, mitten in den Komplotten des Hochadels, die Richelieu grausam niederschlug. So wußte Corneille, wie böse und notwendig absolute Herrschaft war. Metastasio und Mozart wußten es nicht mehr. Eine Verschwörung der Unpolitischen ließen sie versickern in einem Gnadenakt bar jeder Politik.

Politisch ist der Konflikt des ›Cinna‹ nicht erst kraft des großen Streitgesprächs zwischen Monarchie und Republik, das in seiner Mitte ragt. Anders als Metastasios Vitellia mit ihrem privaten, grotesk schwankenden Groll, trägt und treibt Corneilles Emilie, Tochter eines von Augustus erschlagenen Vaters, die konspirative Handlung nur, weil für sie Republikanerin dasselbe wie Rächerin heißt. Vergeltung zeugt Vergeltung im Bürgerkrieg; Rachezusammenhang wird zum totalen, mit jedem Tag und jeder Tat auswegloseren Weltzusammenhang. Ihn unterbricht die fürstliche Gnade als Analogon zum göttlichen Wunder, schaffend das Unausdenkbare: daß eine Partei des Bürgerkriegs sich jäh verwandelt ins Ganze des Friedensstaates. Die begnadigte Verschwörerin kniet und erfährt, vier Zeiten in zwei ehernen Zeilen, selber Verwandlung: »Ma haine va mourir, que j'ai cru immortelle; / Elle est morte, et ce cœur devient sujet fidèle.« – Gnade ist freie Selbstbeschränkung, also Beweis, der Allmacht. Ihr Strich durch deren rechtmäßiges Urteil ist der Schlußstrich unter dem Bürgerkrieg. Er trennt zugleich vom Tyrannen (vom Revolutionsdiktator), der an den endlosen Zwang, jeden seiner Gegner auszurotten, gefesselt bleibt, den Souverän.

Wie der blutige Bürgerkrieg noch durch alle Gänge, hinter allen Draperien des Kaiserpalastes spukt, so lauert der Tyrann stets hinter dem Souverän. Die Fabel von der Großmut des Augustus erzählte zuerst Seneca im Traktat ›De clementia‹ – den er Nero widmete. Ohne Macht und Hang zum Tyrannen ist der Souverän nichts; sie machen einen Hauptzug seiner Gottähnlichkeit aus. Wer Gott nicht fürchtet, glaubt nicht an ihn. Der liebe Gott wurde erst im Zeitalter des beginnenden Atheismus erfunden, der liebe Fürst unterwegs zur Französischen Revolution. Beider Charakter ist, gäbe es sie, Entsagung. Thronverzicht freilich versucht auch bei Corneille den Sinn des Kaisers, wie Schwermut sein Gemüt. Selbst in der Auftrittstirade allmachttrunkener Ruhmredigkeit kann sein Herrscherglanz nicht die Schatten alter Bluttaten verscheuchen, an »rang« klebt das Reimwort »sang« :»Cet empire absolu sur la terre et sur l'onde, / Ce pouvoir souverain que j'ai sur tout le monde, / Cette grandeur sans borne et cet illustre rang, / Qui m'a jadis coûté tant de peine et de sang...« Doch solche Verdüsterung bleibt ein politisches Leiden: Seine Anamnese heißt Mitschuld am Völkerselbstmord, seine Therapie – Stiftung des Neuen Staates.

Metastasios Schmeichelbild vom Souverän hingegen läßt diesem nichts übrig, als zum Menschen abzudanken. Der Hofdichter, ein Virtuose der Unterwürfigkeit, half dem Absolutismus sich einreden, daß er sein Recht aus der persönlichen Güte des Fürsten, nicht aus dem politischen Haß der Bürger bezieht. Nach neunzig Jahren wird der ›Cinna‹-Stoff nur hoffähig (blutlos wie blutleer) durch Entpolitisierung ins Private. Titus zürnt und vergibt dem untreuen Freund statt dem verräterischen Untertan: »Viva l'amico, benchè infedele!« Die Versuchung des Thronverzichts schrumpft ihm zu einer Automatik homoerotisch überschatteten Liebesverzichts, in müder Häufung geübt an Berenice, Servilia, Vitellia. Selbst Gnade fühlt sich als zwanggewordene Gewohnheit, nicht Befreiung zu einem Neuen, da er das Todesurteil zagend zerreißt: »Ah, non si lasci il *solito* cammin...« Die Vorhersehbarkeit des Titus-Charakters birgt pathischen Wiederholungszwang, geprägt unter der Beweislast von Selbstbeherrschung, die Herrschaft unaufhörlich reinigen, von Selbstentmachtung, die Macht jedesmal widerrufen muß. Eben als Privatmann flüchtet sich der Herrscher ins Zeremoniell: ins Theaterschema der »clemenza«, die den absoluten Staat nicht mehr begründet, sondern allabendlich bei Lobeschören und Fanfaren zu Grabe trägt.

Mozarts Krönungsoper für Leopold II., die 1791 den barocken Machtkosmos nochmals anruft, besiegelt dessen Zerfall in Privatheit und Repräsentanz. Sie hat die Emanzipation des Herrschers nach unten, seine Einebnung ins Ensemble erzwungen, zugleich zu korrigieren versucht: Titus' Würde und Weisheit hörbar abzuheben vom Leidenschaftsgemenge der Sesto und Vitellia, vom Einfaltsidyll der Annio und Servilia. Doch unter den beseelteren Sopranen von Frauen und Kastraten wirkt der forcierte Tenor, statt als Mann und Souverän, als der wahre Kastrat. Tenor, Kastrat, Sopran – ihr Bezug strukturierte die Spätseria italienischer Art so eigen, wie das Bariton/ Tenor/Sopran-Dreieck dann Verdis Melodram: das Modell aller Macht- und Intimverhältnisse. Daß die Ernste Gattung mit ›Tito‹ in Impotenz des Helden endet, wird angezeigt vom jähen Versagen ihres Stimmenkalküls. – In ›Idomeneo‹ hatte Mozart, zehn Jahre zuvor, jenen Kalkül ein letztes Mal erfüllt, dessen Defekt in Charakteristik gewandt. Der König von Kreta krankt, wie der Kaiser von Rom, an der doppelten Isolation des Höchsten und des Schwächsten. Seine tenorale Ambivalenz von Glanz und Blässe muß dennoch nicht aus dem Drama fallen, zu hohem Schein und geduckter Inwendigkeit des Kronprivatiers verkommen. Idomeneo erfährt nämlich, davon handelt die Oper, sein dramatisches Wesen an dem Zwiespalt: Täter und Opfer zugleich, Tyrann wie Sklave.

Der Zorn Neptuns, der Kindesmord befiehlt, spaltet wie ein Beilhieb den Souverän: zum Sklaven der grausamen Götter, zum Tyrannen seiner liebsten Untertanen. Urbild solcher Fabel sind Artemis, Agamemnon, Iphigenie der euripideischen ›Iphigenie in Aulis‹. Doch die »Teleologie des Ethischen« (Kierkegaard), die dort das Verbrechen des Vaters am Kinde tragisch-ruhmreich rechtfertigte aus der Pflicht des Feldherrn gegenüber dem Griechenvolk, gilt der Aufklärung nichts mehr: Ja, die Liebe des bürgerlichen Familienvaters, die sich der Grausamkeit des Politischen widersetzt, wird von Diderot bis Schiller erhöht zum Paradigma aller Tugend. – Die Schmeichelgattung Spätseria nun, zu loyal und verlogen, die Willkür des Fürsten auch nur von Bösewichten anschwärzen zu lassen, läßt den zum Sklaven erniedrigten Souverän rebellisch, feig, verzweifelt mit der Tyrannei der Götter hadern: »Spietatissimi Dèi!«, »Barbari, ingiusti Numi!« Idomeneo schreit über Neptun heraus, was Sesto von Titus nicht einmal denken darf. Der Unglaube an die Souveränität schminkt sich als Glaube an den Unsouverän; so kommt es dem Unglauben an den Olymp zu, die Wahrheit über die Götter als Souveräne (die Souveräne als Götter?) zum brütenden Arioso, zum erstickten Rezitativ-Ruf zu ballen. Aus wunden Tönen werden Idomeneos Menschengesicht und -los halluzinatorisch lebendig. Wird es auch der Gott, der ihm die Wunden schlug?

Das weithallend gewaltige Lamento Monteverdis und Glucks, darin der gottähnliche Mensch den menschähnlichen Gott anrief, bleibt dem Nachzügler ›Idomeneo‹ versagt. Das Agamemnon-Urbild kann ihm eine Menschenwelt beklommener Qual geben, darüber keinen personalen Götterhimmel mehr spannen. Neptuns Zorn und Gnade sind Fabelbedarf, nicht Wahrheit von ›Idomeneo‹: Dessen bestürzende Wirklichkeit aus Pest, Natur- und Völkeraufruhr, Schmerzenshysterie, Leidensmattigkeit und unsagbarer Tröstung wächst nur im Raum der Opernmythen und -mären, geschützt vom Eingeständnis ihrer Fiktionalität. Solche Asylierung der Seria im Zeitalter der Skepsis wurde zum Denkmodell geformt vom Opernnarrn-und-Aufklärer Baron Grimm, ausgerechnet in seiner Kritik der ›Idoménée‹-Tragödie Lemierres (1764). Er setzte an deren Spitze zwar den rüdesten Hohn auf Gott, »der seinen Sohn opfern muß, weil er einmal einen Apfel aufessen ließ« : Heidnischer wie christlicher Götterglaube sei Schicksalsglaube, Schicksalsglaube Aberglaube, erzeugt und ausgebeutet von der »Gaunerei der Priester«. Dennoch – oder darum – tauge der Idomeneus-Stoff vom fatalen Sohnesopfer gerade für die Oper: voll eines »düsteren Geistes von Ungewißheit, Schwanken, sinistren Deutungen, Unruhe und Furcht, die das Volk foltern und den Priestern nützen«. Das Wunderkind Mozart weilte gerade in Paris, als sein Protektor Grimm die Bedingung der Seria so bestimmte: Glaube an das längst Unglaubwürdige.

5

In vier Fassungen beschnitt Mozart 1780 Neptuns Orakelwort knapper und knapper, um der Schluß-»clemenza« des Gottes ein fiktional Glaubhaftes zu wahren: zu verhüten, schreibt er dem Vater, daß »die Zuhörer immer mehr von dessen Nichtigkeit überzeugt werden.« – Furchtbare Glaubwürdigkeit ergreift dafür Mozarts Menschen. Nie wieder hat er seine Töne so manisch jeder Zuckung der Worte und Gefühle nachgemodelt – nie seine Figuren so dem wehen Changieren der Tonarten ausgeliefert, der in Fremdtönen gleitenden Haltlosigkeit innerhalb jeder Tonart. Das Drama entsteht aus hin- und herflutenden Lichtwechseln des Gemüts, nicht aus Verfestigung zu Charakteren. So kennt es keinen Widerstand gegen das Schicksal, nur Mut und Tat drosselnde Betrübnis, ein Zagen nach dem erlittenen Schrecken, das schon des nächsten Schreckens harrt. *Weil* keine Charaktere – was für Seelen ziehen auf wie aus einem nordischen Land, einem späteren Jahrhundert: gelähmt unheilgläubig, vom Leben verschlissen Idomeneo, knabenhaft hilflos in Trotzeinsamkeit Idamante, voll bitter wilden Bewußtseins, fürs Unglück geboren zu sein, torkelnd zwischen der Verworfenheit einer Hoffnungslosen und der Seligkeit einer Selbstbetrügerin Elektra. Gramversperrt verschweigen sie einander ihre Zwänge und Wünsche, die auszusprechen ihnen nichts hülfe – ein Volk von Beladenen. In ›Idomeneo‹, nicht ›Tito‹, geschieht die tiefste Krise der Alten Oper: Verliert sie den Glauben an die Freiheit des Einzigen – die Göttlichkeit des Gottes, die Souveränität des Souveräns –, so erstarrt sie zum bleichen Bild der Unfreiheit aller.

Nicht Göttern und Menschen – der Natur übertrug es Mozart, die Ernste Gattung in der ungeheueren Spanne von Zorn und Gnade ein letztes Mal zu vollenden: dem wütenden Sturm, den sanften Winden. Terror zerreißt Luft und Meer in den Orkanchören; geheilt atmet die Welt im Hauch der Holzbläser, Geflüster der Streicher, wenn Idomeneo am ersehnten Ufer ruht, wenn Elektra mit ihren Glücksträumen fortzusegeln wähnt, wenn Ilia die »zefiretti« Liebe lehrt. Doch während Mozarts verirrtes Meisterwerk noch die Himmelspopanze der greisen Seria in einen jungen, niegekannten Pantheismus rettet, wächst auch in seinem Menschenreich ein rettend Neues. Von Ilia kommt für die Betrübten des ›Idomeneo‹ fluch- und gattungsüberwindende Lösung. Tollkühn bricht die Gefangene das Schweigegebot aller Schicksalshaft, da sie dem todgeweihten Freund bekennt: »Ich liebe dich, bete dich an – und wenn du sterben willst, kannst du es nicht, ehe der Schmerz mich tötet!« Fremd ist die Troerin auf Kreta, doch herrlich heimisch im Leben unter so vielen Fremden. Ihre Todesbereitschaft und Lebensgewißheit beenden die Sklaverei ihrer Sklavenhalter: »Tiranni i Dèi non son, fallaci siete interpreti voi tutti del divino voler!« Solche Entscheidung zwingt die obere Gnade herbei, indem sie sie fast überflüssig macht. Ihr Ton ist der der Konstanze, Pamina, Leitfiguren eines neuen Dramas – des Spiels von der Bewährung, vom Anbruch der Autonomie.

Das deutsche Singspiel spart sein Mitgefühl ganz für den mittleren Menschen auf. Daß die ›Entführung‹ für den hehren Bassa Selim keine Töne hat, zeugt von solcher Parteinahme. Nicht mit dessen »clemenza«-Prosa, es sei »ein weit größer Vergnügen, eine erlittene Ungerechtigkeit durch Wohltaten zu vergelten, als Laster mit Lastern tilgen« – nicht erst durch »so viel Huld« des Souveräns wird der glückliche Ausgang der Entführung beschlossen.

Die Wende geschieht *zuvor* durch den Untertan, der keiner mehr ist. Durch ein Intervall voller Willensekstase, das in der Wiederholung zum b'' hochgejagt wird, entscheidet Konstanze im unerhörten Treue- und Todesduett: »Und ich soll nicht mit dir sterben? *Wonne* ist mir dies Gebot.« – Daß aber solchem Ruf der Selbstbestimmung flugs die Antwort der Vergebung folgt: den »clemenza«-Schluß haben erst Mozart/Stephanie erfunden, ihrer treu plagiierten Vorlage verblüffend angefügt. Bretzners Operette ›Bellmont und Constanze‹ endete mit einem Familienidyll, Wiedererkennung Selims und Bellmonts als Vater und Sohn, ganz im Sinn bürgerlich-empfindsamer Theaterreform. Doch eben mit der »Entführung«, darin Autonomie sich erstmals als Gesang verwirklicht, machte Mozart Gnade (etymologisch: »Sich-zur-Hilfe-Neigen«) zum Leitbild seines künftigen Opernwerks – zu dessen eigentümlicher, bestimmender Obsession. Sein Singspiel will in dem Augenblick, da es sich von Göttern und Fürsten lossagt, Gnade als ersten Grund der Oper bewahren, ihr Rettendes retten.

Das Paradox wurde schon bei der Uraufführung vermerkt: In der »Veränderung der Bretznerischen Katastrophe«, in der das Vorbild aller kommenden deutschen Singspiele gipfelt, beargwöhnte der Rezensent Schink ein kunstpolitisches, ja politisches Attentat der Seria auf das Singspiel: »Statt Bild des Lebens bekommen wir abenteuerliche Romane, deren ganzer Nutzen darin besteht: daß wir falsche Größe bewundern lernen.« Der Parteigänger der jungen Gattung hält es also für lebensferner, unwahrscheinlicher, daß ein Herrscher seinen Feinden einmal verzeiht, als daß ein Renegat aus Spanien seinen verlorenen Sohn ausgerechnet im eigenen Harem wiederfindet. Mozart aber enthob das Genre seiner dogmenhaften Enge und biederen Domestizität, indem er sich weigerte, wie Diderot das Bürgerdrama gegen die Tragödie, so das Singspiel als »Bild des Lebens« gegen die Oper »dieser ewigen Großmuten« zu wenden. Bürgerliebe und -courage spannt er in den Horizont der drei Handlungen, welche Gnade erflehen, nachahmen, ersetzen: *Verschwörung, Rettung, Bewährung.*

※

In diesen drei Akten hat Gnade ihre Geschichte. Züge der *Verschwörung* wurden der Tat, die oberen Zorn auslöst, seit dem Mythos des Sündenfalls aufgezwängt. Milde von oben wuchs strafender Strenge zum Antidotum, wann immer es galt, das Neue gegen das Alte Testament auszuspielen. Luthers paulinische Christologie übersäte Europa mit geschriebenen, gemalten Gegensätzen von Sündenfall und Erlösung, »Gesetz und Gnade«. Wollte der Absolutismus seinen Staat fortan gegen religiösen Bürgerkrieg schützen, so mußte er dessen Waffen an sich reißen: Er machte den Fürsten zum gottähnlichen Walter über Gesetz und Gnade. Sündig (und menschlich) war der Untertan des Barockstaats als geborener Verschwörer. – Sooft die Oper sich der Sache des Menschen statt des Gottes, des Untertans statt des Fürsten annahm, durchdrang sie, was von oben als Verschwörung verdammt und begnadigt wurde, mit dem Pathos der *Rettung.* Nicht erst von Méhuls, Lesueurs, Cherubinis Revolutionswerken, die die Bühne mit aufzubrechenden Hungertürmen, Kerkern, Räuberhöhlen vollstellten, nahm die Rettungsoper ihren Anfang – sondern von jener Ur-Oper selbst, in der der Befreier die ihm Entführte, Gatte die Gattin, aus der Unterwelt heim ins Licht holt. – Mozarts ›Entführung‹ knüpft ein helles Band zwischen der Seria-Befreiung des ›Orfeo‹ und dem Freiheitsernst des ›Fidelio‹: Sie verwandelt die Verliese des Totenreichs vorübergehend in einen azurüberstülpten Trommel- und Triangelorient – die Verschwörung zur Rettung aber in schon subjekthaft beseelte, vermenschlichte, verbürgerlichte *Bewährung.* Heiter balancierend hält sie dabei ihre Mittel- und Mittlerstellung: dem Untertanenflehen des neuantiken Sängerheroen schon ebenso fern wie noch der hörnerumjubelten In-tyrannos-Stretta der modernen Gattin als Retterin.

›Die Zauberflöte‹ wird Treuetat und Herrschersegen, Autonomie und Gnade weit wundersamer einen: die Sympathie des Singspiels für den mittleren Menschen verweben mit dem Fabulösen des Wiener Volkstheaters, das sich einen kindlich buntvergnügten Glauben an die obere Güte, Verzeihung, Schenkung bis ins 19. Jahrhundert erhielt. Eben solch Märchenglück scheint ›Die Zauberflöte‹ unserer Untersuchung zu entziehen: zum Spielverderber zu machen, wer die linkisch schöne Mischung aus Traumpoesie und Handwerkerstubenprosa nach Politik, Staatsrecht befragt. Doch die Ideen und Ahnungen des Jahrzehnts um 1791 (durch dessen einzigartige Schleuse Ratio wie Demagogie, Revolution wie Totalitarismus zu uns gelangt sind) kamen gerade im Märchen zu keinem seligsimplen Verschwinden, sondern zu enthemmter, chaotisch vielfältiger Präsenz. Weil sogar das Wunderbar-Ungereimte der ›Zauberflöte‹ nicht von zeitlos schweifender Fabulierlust, sondern vom jähen Anbruch der Autonomie gezeugt wurde, zeugt es seinerseits von den Brüchen der Neuesten Zeit wie vom Zusammenbruch der Alten. Die Rede wird hier sein von Rissen der Form, von Fronten im Gehalt – zuletzt erst von Verheißung, Harmonien.

II. Reich ohne Untertanen

>»Wen solche Lehren nicht erfreun,
Verdienet nicht, ein Mensch zu sein.«
Schikaneder

I

›Die Zauberflöte‹ gibt sich, dem Chaos ihrer eigenen Viel-
falt zu steuern, fast platt absichtsvoll als ein einziger
Gang, Lehrgang des Sich-Bewährens. Ihre Struktur bleibt
dennoch unverständlich, übersieht man, daß sie als Ret-
tungs- oder Verschwörungsoper beginnt – und sogar vor
der Pause als Gnadenoper endet; darauf erst folgen Prü-
fung, Bewährung. Im ersten Finale häufen und mischen
sich drum märchengrell, wie zum Abschied alle Seria-
Elemente: Gewissensbangen und Sendungsstolz des Ver-
schwörer-Retters Tamino im Vorhof; Klagegesang an die
Verlorene, »Pamina!« rufend statt »Euridice!«, und gleich
doppelt die Orpheus-Besänftigung wilder Tiere, schwarzer Unterweltsheere; Vorfreude schon der Befreiung;
dann aber Auftritt des Herrschers Sarastro mit Fanfaren-
getös, Geständnis der Verbrecherin Pamina auf den
Knien; Gnade als fürstlicher Rache- und Liebesverzicht;
Ende mit Lobeschor. – Was aber hier schon anders ist
und alles ändert, sind zwei Momente, am Grenzübergang
nach Utopia zu suchen in Taminos Ankunft, in Paminas
Flucht. Vertraut erglänzt das *zweite* Moment, das Zuvor
als innerweltliches Mirakel: Ilias, Konstanzens, maßlos
größer jetzt Paminas Entscheidung, die jede Gnade vor-
entscheidet. Auf die zittrige Frage in Gefahr, »Was werden wir nun sprechen?«, antwortet die hellste, festeste
Wende der Opern- und Subjektgeschichte: »Die Wahrheit, die Wahrheit, sei sie auch Verbrechen!« *Ihre*, Paminas Wahrheit entdeckt sich hier: nicht Reue sondern

Selbstfindung, welche Geständnis und Gnadenspruch, die nun konventionsfromm folgen, mit niegekannter Würde beleiht. Das Faktum dieser Würde läßt sich nicht antasten – mag man auch sonst der ›Zauberflöten‹-Ideologie mit ihrer Teilung der Welt in Gut und Böse, mit ihren Gruppenandachten der Weisheitsbesitzer noch so peinlich mißtrauen.

Das Kollektiv, das Sarastro preist, tönt totalitär: »Er ist unser Abgott, dem alle sich weihn.« Solcher Sprachregelung schleuderte Tamino noch kurz zuvor entgegen: »Er ist ein Unmensch, ein Tyrann!« Doch sein Anwurf gilt nicht mehr: In eben jener Vorhofszene wurden Held, Werte, Handlung des Dramas restlos umgedacht. Taminos Überlaufen zur fremden Weisheit reißt, früher als Paminas Entscheidung zur eigenen Wahrheit, das Singspiel vom Herkommen los: sein *erstes* allveränderndes Moment. Vierzehn Auftritte, ein Drittel der Partitur lang schritt die Fabel fort (so lehrt und bestreitet die Forschung), um die Tochter einer guten Fee aus der Haft eines bösen Zauberers zu entführen, zu retten. Dann jedoch kehrten Mozart und Schikaneder – mitten in der Arbeit, vielleicht nach dem Erfolg eines zu ähnlichen Singspiels – das Ganze ins Gegenteil: Im ersten Finale heißt die »sternflammende Königin« und »gute, zärtliche Mutter« des Anfangs plötzlich nur noch »ein stolzes Weib«, das Tamino »berückt« hat; der »mächtige, böse Dämon«, der »üppige Bösewicht« dagegen, den Tamino zu ermorden schwor, tritt auf als gütiger Priesterkönig. – Nicht die hypothetisch jähe Entstehung, sondern der unverrückbar zweihundertjährige Bestand dieses Risses geht uns an: Er ist der ›Zauberflöte‹ längst Gesetz statt Zufall geworden. Er macht ihre Welt zur Geburtsstätte einer idealen Menschheit, also zum Schlachtfeld realen Bürgerkriegs.

Die Fehde zwischen dem Nachtreich der Königin und dem Sonnenreich Sarastros gälte laut allem Völkerrecht als Krieg zwischen zwei souveränen Staaten. Da er mit dem Raub Paminas begann, führt ihn Tamino als gerechten Krieg – bis er vom Sprecher der Weisheitslehre bekehrt wird. Danach weiß er seinen Krieg (wie jeder bis heute, den ein im Ausland herrschender Weisheitsorden umgedreht hat) nicht als ungerechten, sondern als gar keinen: Verschwörung. Von der Semantik der Gattung her: Zur Verschwörungsoper wird der I. Akt der ›Zauberflöte‹ rückwirkend dadurch, daß sein Finale ihm die Legitimation der Rettung (Paminas durch Tamino) entzieht – und zugleich mit Händen und Füßen den nahenden Gnadenschluß (durch Sarastro) signalisiert. Wie aber kann Verschwörer sein, wer kein Untertan ist? Die Antwort lautet analog: Sarastro macht Pamina, Tamino, sogar die Königin zu Untertanen und Verschwörern, indem er sie im Namen eines überstaatlichen Rechts begnadigt. Sein Überstaat heißt Menschheit. Ihr, dem »beßren Land« ohne Untertanen, ist jeder untertan, sogar der Unmensch. Ihr Recht heißt Tugend: Das Sonnenreich kennt sich als Menschheit, da als Reich des Guten; wer es betritt, muß das Nachtreich als Reich des Bösen erkennen. Das Böse ist das Partikuläre, Parteiische, Verschwörerische; denn das Gute ist ja das Universale. Sollten auch Schikaneder/ Mozart ihren Entwurf nie geändert haben: sie ließen sich, gleich Tamino, bei ihrem Grenzübertritt ins Sonnenreich umdrehen. Der Riß vorm 15. Auftritt eint ›Die Zauberflöte‹ – wie die Front zwischen Gut und Böse erst die Menschheit eint.

Der vorbildlos universale Erfolg der ›Zauberflöte‹ entschied sich in vier Jahren. 1793 schreibt Goethes Mutter: »Alle Handwerker, Gärtner, ja die Sachsenhäuser, deren ihre Jungen die Affen und Löwen machen, gehen hinein, so ein Spektakel hat man hier noch nicht erlebt.« Das ›Journal des Luxus und der Moden‹ berichtet 1794, daß »auf allen Messen, in Bädern, Gärten, Kaffeehäusern, Redouten und Ständchen, wo nur eine Geige klingt, man nichts als Zauberflöte hört«, und folgert: »Wenn ein Gegenstand dies bei einer ganzen Nation bewirkt, so kann man ihn gewiß für eines der wirksamsten Gärungsmittel halten, das die Göttin Mode zuweilen in den lange ruhenden Stoff der Gehirnmasse der armen Sterblichen tröpfelt, um ihn wieder einmal in Bewegung zu setzen«. Eine Flugschrift von 1795, Gärung der Gehirne fürchtend, sieht »(solltet ihr es wohl glauben?) die ganze Oper, die berühmte, allgemein bekannte Zauberflöte« als Teil des »Verschwörungs-Systems der Jakobiner in den österreichischen Staaten«. Sogar die Legitimisten begreifen endlich zum Thermidor die Legitimationsfrage des Bürgerkriegs: Wer darf wen Verschwörer nennen?

2

Der Kampf des Guten gegen das Böse verhüllte kaum je in seinen Geheim- und Menschheitslehren, daß er sich als geschichtsphilosophisch gebotenen Bürgerkrieg des Neuen gegen das Alte verstand. ›Die Zauberflöte‹ selbst fügt Alt und Neu zu einem agitationskräftigen Gegensatzsystem. Sarastro wird der Männerchor mit Bassethorn und Posaune, der Königin das Damenterzett mit glitzernden Holzbläsern zugeteilt: Der Orden steht gegen die Kamarilla, Geheimnis gegen Heimlichkeit, Weisheit gegen Staatsräson. Die Königin der Nacht regiert als absolutistische Fürstin nicht durch Ideologie, sondern Kabinettspolitik; die aber gilt dem Zeitgenossen nur mehr als Kabale, die »in unterirdischen Gemächern herumirrt und Rache über die Menschheit kocht«. Nicht der Anschlag auf die Souveränität – Souveränität selbst heißt jetzt Verschwörung. Der Begriffswandel ist konkret: Im Sommer 1791, während Mozart gleichzeitig seine Krönungs- und seine Menschheitsoper schreibt, wird in Paris die Königin, Schwester des in Prag zu Krönenden, mit jedem Tag klarer als Verschwörerin wider die Menschheit erkannt. Eine ihrer Hofdamen wurde gelyncht: »Hinab mit den Weibern zur Hölle!« Der absolute Staat, von der Verzeitlichung aller Denk- und Rechtsstreite erfaßt, läßt sich als bloßer Status durchschauen: unmenschlicher Zustand im

Fortschritt des Menschengeschlechts. Sein Reich des Bösen, das »durch Blendwerk und Aberglauben das Volk berücken« wollte, muß »zernichtet« in »Donner, Blitz, Sturm« untergehen.

Das Reich des Guten aber darf bis heute, dubiosen Erfahrungen zweier Jahrhunderte zum Trotz, voll leuchtender Überredung in der ›Zauberflöte‹ fortbestehen. Zwar mischte der Zukunftstraum des niederen Bürgertums schon Emanzipation mit Repression: Duldung und Feindvernichtung, Gleichheitslehre und Frauenhaß, Weisheit und Vorstadtgerücht verwechseln sich in fast jeder Szene. Dennoch wird die Figur des Guten nie gelöscht. So schnell sie als aufschlüsselbare Kampfallegorie politisch überholt wurde: im Aufscheinen konträrer, sich ergänzender, verdrängender Bedeutungen, im Vexierbild also erhielt sich die Unruhe des hochkunstüberdrüssigen Mach- und Märchenwerks. Ihm den plebejischen Grübelwitz und Hoffnungsdunst seiner Doppelgesichte auszutreiben, unternahm bald das »Gerede« (Hegel) der zu Ansehen gekommenen Bildungsbürger, die geniert trennen wollten: den »jämmerlichen« Text von »der Tiefe, der bezaubernden Lieblichkeit und Seele der Musik«. – Trennt sich aber die Musik wahrlich vom Text, dann um ihn statt sich von ihm zu befreien. Sie übt Umdeutung des Zweideutigen, Aufhellung des Trüben, nie Indifferenz. So wird die seriavererbte, ordensdemagogisch umgemünzte Demutsformel der Pamina, »Herr, ich bin zwar Verbrecherin!«, von den Tönen nicht denunziert, noch taub übergangen. Sondern Atem und Melos gewinnen gerade dem Ruf der Zerknirschung, den die Zunge der Kehle aufnötigt, Gesang neuer Selbstgewißheit ab – erfüllt von innigstem Dissens, darin Subjekt zu Substanz wächst. Das Schuldbekenntnis bezeugt die Unschuld der Bekennerin: Flucht war Paminas Recht, weil ihre Wahrheit.

Mozarts Musik ist dem Buch Schikaneders nirgends Widerruf, auch nicht (es sei denn´ im nachtfunkelnden Jammer Monostatos', im anmutklaren Suizidgroll Papagenos) nur Widerhall. Ihr Epocheöffnendes fällt der un-

abdingbaren Geschichtslastigkeit aller Worte – die das
tapsig liebliche, ungeübte Deutsch der Vorstädte schon zu
entbürden begann – bald als Einspruch, bald als Beglaubi-
gung des Subjekts zart-bestimmt ins Wort. Das lehren die
nächsten Takte, gerade da sie Ton und Text zutiefst verei-
nen. Der Demutsformel Paminas antwortet nämlich Sarastros Großmut frei von Formeln (nicht als redete ein Titus
zu einer Servilia): »Du liebest einen andern sehr . . .« Aber
erst die Imitation des Sarastro-Basses durch das Solo-Fa-
gott, die nun tief unter Flöte und Geigen Ja zu deren
Verzichtgeste sagt, faßt in zwei Halbtakte eben das Unsag-
bare, dem der ganze Titus-Part mit Privatseufzern und
Staatssermonen umsonst nachsetzte. Die Instrumente erzählen, aus Mollschatten leitend ins Helle, vom Enigma
wissender Wehmut: wie sie zugleich Schmerzopfer und
Glückslohn der Güte unter Menschen ist. Wieder erglänzt
das Zuvor als sekundenknappe Chiffre der Autonomie:
Sarastro befreit vor Pamina sich selbst mit dem Entscheid,
den das Orchester aus ihm spricht, während die Stimme
noch pausierend Kraft holt ihn nachzusprechen, »einen
andern sehr«. Darauf erst darf, muß das »clemenza«-Wort
folgen, das den ›Zauberflöte‹-Zirkel des Belehrend-Ver-
söhnenden (I IV V I) zweifach fast rein abschreitet: »Zur
Liebe will ich dich nicht zwingen . . .« So greifbare Parusie
von Milde beschämt die scheppernde Nichtigkeit des
kaum vier Wochen späteren Verzichtrezitativs »Ed io
dovrei / Turbar fiamme si belle?« – dessen Vertonung
Mozart gar einem Schüler überließ.

Die Kritik der Opernarten Mozarts soll auf Reize hören,
statt nur auf die Worte des Librettos, auf die Idee der
Gattung zu starren. Die Einheit von *Idee* und *Wort* – von
einem Weltentwurf und einem Gebrauchstext – ist selber
ohnehin prekär; obzwar den Noten ästhetisch wie zeitlich
vorgeordnet, siegt oder versagt sie erst mit der Geburt der
Musik. (Nie könnte etwa Calzabigis Szene »Popoli di
Tessaglia« ihr stilformend Stimmiges beweisen, gäbe es sie
nur in Mozarts flattriger Konzertarie, nicht aber als die

leiderhöhte Thronrede von Glucks Alkestis.) Unsere Frage zumal, wie Oper geartet ist in einem Umschwung aller Ideen und Worte, muß sich an ein Musikalisches halten: Sie wägt, ob der Durchbruch der Gnade, den Seria, Singspiel, Buffa je anders verhießen und buchstabierten, den Tönen zum Faktum oder zur Lüge geriet. – Der Untergang der Souveränität macht in ›Tito‹ die Musik der Gnade unwahr. Der Anbruch der Autonomie in der ›Zauberflöte‹ läßt die Musik Gnade wahrmachen. Das Paradox drängt zum lange aufgeschobenen Kernproblem: Was hat Gnade noch zu suchen im Bezirk der Autonomie?

3

Der Akt der Autonomie, um den sich die deutsche Klassik sammelt, hat zum Inbild nicht Zweckrationalität sondern Magie. Er weiß, will, *wirkt,* daß der einzelne durch Entscheidung zu sich selbst sein Schicksal wenden, die Schicksalshaft sprengen kann – sonst wäre seine Freiheit nur Lockung ins Scheitern. Jenes Zuvor, die verbindendlösende Consecutio von Selbstfindung und glücklichem Ausgang, ist nichts als die Dramaturgie des transkausal magischen Verhältnisses: Daß Goethes Iphigenie, Mozarts Pamina die Wahrheit sagen, feiern, »und sei sie auch Verbrechen«, verursacht mitnichten, sondern erzwingt (im Ritual ihres Todesangebots) obere Verzeihung. Diese gibt sich freilich nur dem utopischen Sinn als Neuester Bund zu erkennen, der Oben wie Unten befreit, in Humanität aufhebt; dem empirischen bleibt sie fremde Willkür, ja Zufall. Schicksalshaft läßt sich, absurd, allein durch Schicksalsgunst lösen: Das Individuum vermag sein Dasein zum Ganzen nur zu runden, wenn ihm »ganz unerwartete Dinge von außen zu Hilfe kommen«. Dies fromm glaubend und bitter durchschauend vertraute Goethe Selbstverwirklichung in seinem Leben dem Dämon, in seinem Hauptwerk dem Teufel an. – ›Die Zauberflöte‹ will Selbstverwirklichung als weißeste Magie gezähmt-unverletzt in den Prozeß von Handlung und Tönen ziehen. Doch bricht Magie jedesmal als totalitär anmaßende Mystagogik hervor, jenen Prozeß zum fragmentarischsten in Mozarts Opernwerk spleißend, sooft ihre Hoffnungsgewißheit umgetauscht werden soll in Lohnansprüche rechtschaffener, rechtgläubiger Bewährung.

Die Bewährungsoper ›Zauberflöte‹ gründet auf dem Bund von *Autonomie und Gnade* als Zwiesprache Pamina/Sarastro im ersten Finale; doch der lückenlos menschheitsimmanente Nexus von *Bewährung und Lohn,* der im II. Akt die Wahrheit jener auskomponierten Versöhnung ernten soll, erweist sich für Mozart als unkomponierbar. Sein Held »schweigt still«, überläßt den Priestern das Wort, die über seine Selbstbestimmung bestimmen. Nicht am Freimaurer-Sprossengang Taminos, der Eleusis gern schon als Leistungsaufstieg »mit Mühe und Fleiß« bewältigen würde, reihen sich die immer disparateren Eingebungen – sondern an den unberatenen Leidensfahrten Paminas, irrend durch Zonen von Rache und Vergebung, Schändung und Treue, Wahnsinn und Todesmut bis zu dem Augenblick, da die zu Rettende als Retterin »Tamino mein!« rufen darf. Musikologen neukritischer Abstumpfung haben Tamino vorgeworfen, daß er nur dank dem »Schwindel« Paminas mit der Zauberflöte seine Prüfungen überstehe. Sie trafen damit ins Lichteste des Schlusses: Er beugt männerbündischen Elitismus sekundenlang unter die machtlos-unbeirrbare Würde des Mädchens – der Humanität einen Talisman der Hilfsbedürftigkeit leihend gegen ihre eigene allbürgerlich-menschheitliche Überhebung. – Die Humanität der »ersten« Klassik, deren Bild von Ganzheit ein Ruf nach Ergänzung war, konnte wohl nur in der kurzen Assoziation von Adel und Bürgertum gedacht werden, die (in Wien und Weimar) unter dem Schutzkonstrukt einer aufgeklärten Despotie entstand. Ihr Unvergängliches mag gerade das Unhaltbare jener politischen Chimäre abbilden: statt als Trug wie in Mozarts (Titus-) Seria, als Utopie in Mozarts (Sarastro-) Singspiel.

Ihr Grundgesetz gibt sich Utopia in der Arie Nr. 15, genauer: im Doppelgebilde von Rachearie der Königin und Vergebungslied des Menschheitspriesters. Die Sarastro-Erklärung wird verharmlost durch seine üblich losgetrennte Verklärung. Neues Recht wohnt hier (wie in den Deklarationen der »Independence«, der »Droits de l'Homme«) im *Gegen*manifest: So hat Mozarts Affirmativstes zum ersten Satz Negation. Als Rede und Widerrede verklammern sich (bis zum Kalauer) die Parolen: »Der *Hölle* Rache kocht in meinem Herzen« und »In diesen heil'gen *Hallen* kennt man die Rache *nicht*«. Ihr Gegensatz und Zusammenhalt ist von einer wörtlich-idealischen Programmatik, die Mozarts Theater sinnlich nuancierender Belebung sonst scheut. Sie prägt sich aus in den beiden äußersten Tempi der Partitur (Allegro assai/Larghetto), in grellster Reibung der Tonarten (d-Moll/E-Dur), im Auseinanderklaffen der Tonlagen über vier Oktaven von Fis bis f''' – alles, was sich auf der Bühne noch singen läßt. Die akustischen Extreme stehen emblemhaft für die Spanne eines politisch-dramatischen Entwurfs, der den Geist von ›Cinna‹ nach anderthalb Jahrhunderten (über ›Tito‹ hinweg) zugleich zu beschwören und zu bannen scheint. Rache erobert ihre geschichtliche Dimension – »Vorgeschichte« seit den Erinnyen/Eumeniden – zurück; und Vergebung wächst wieder zum Paradigma einer Staatsstiftung. Jeder Gnadenakt Sarastros ist, keine »clemenza«-Routine, sinnhaltig als Erinnerung und Erneuerung des Gründungsaktes der Sonnenrepublik: jener Geburt der »Menschheit«, welche die Rachevergiftung der Welt unterbrach – unterbrochen haben wird. Die reale Staatsgründung in ›Cinna‹ beendete für eine Weile den Bürgerkrieg. Was die utopische der ›Zauberflöte‹ wirkt, bleibt bis heute offen: endlosen Weltbürgerkrieg zwischen Neu und Alt, Gut und Böse – oder ewigen Frieden?

*

Die an Schrecken reiche Nachgeschichte der ›Zauberflöte‹ wäre erst zu schreiben. Seherisch perfid wählte Goethe in

›Hermann und Dorothea‹ schon 1796 das Singspiel der Humanität zum Exempel für den Standes- und Bildungs-dünkel klimpernder Kaufmannstöchter. Dem bieder-ver-härteten Selbstgenügen am Höheren bietet die Schinkel-sche Bühne 1815 kein Gegenbild, nur monumentale Kehr-seite: Ihr wirklich Bedrohliches liegt nicht in romantisie-renden Klüften, sondern als surreale Windstille über allen Ideallandschaften. An keinem anderen Stück vollzog das deutsche Bürgertum schneller die Verwandlung des »beß-ren Landes« in ein *anderes:* ins Theatereiland des Guten, Wahren, Schönen, das umflutet wird von praktischer Bar-barei. Wer als Kind bei fast jedem Wunschkonzert, das einer mörderisch erobernden Wehrmacht Kraft durch Freude gab, die »Hallenarie« mit den Reichsbässen Strienz, Hann, Weber hörte aus unheiligen Ehrenhallen – der wird die Worte ordensmonopolisierter Schlichtheit nie ohne Furcht und Scham mehr vernehmen. Da lag die ganze Lehre im Reim: »Wen solche Lehren nicht erfreun, / Ver-dienet nicht, ein Mensch zu sein.« – Geschont wird die Verheißung der ›Zauberflöte‹ eher von ihrer Vor- als Nachgeschichte. Der Versöhnungston des »Wo Mensch den Menschen liebt, / Kann kein Verräter lauern, / Weil man dem Feind vergibt« – er dringt weit zurück hinter das staatsopportune »pax«-Orakel von Corneilles Livia, fort-an hätten weder Fürst noch Untertan einander zu fürch-ten. *Montaigne* wußte Senecas Gnadenlektion nacherzäh-lend zu beschließen wie ein altes schönes Kindermärchen: »Or depuis cet accident, qui advient à Auguste au quaran-tiesme an de son aage, *il n'y eut iamais de coniuration ny d'entreprise contre lui, et receut une iuste recompense de cette sienne clemence.«* Und erhielt gerechten Lohn dieser seiner Mildigkeit.

III. Die Sozietät der Töne

»Là mi dirai di sì...«
da Ponte

I

Komische Opern enden nicht mit Gnade. Unter den schönsten, vom 18. bis ins 20. Jahrhundert, enden verblüffenderweise nur zwei mit Verzeihung: Mozarts ›Le nozze di Figaro‹, Mozarts ›Così fan tutte‹. (Diebisch ahmt dann noch Cimarosa/Bertatis ›Il matrimonio segreto‹, süßlich devotional Strauss/Hofmannsthals ›Arabella‹ den ›Figaro‹-Verzeihungsschluß nach.) – Verzeihung aber ist die Maske der Gnade, wenn sie sich, wie ein feiner, mißtrauischer Gast aus der Seria, zum Hochzeitsfest laden läßt von den gewitzteren, spöttischen Geistern der Buffa. Ihre Furcht vor Entwürdigung durch Ironie scheint nur allzu berechtigt: In ›Così fan tutte‹ knien zum Schluß die beiden Frauen und jammern outriert herzzerreißend, in marionettenhaften Terzparallelen um Gnade vor den beiden Männern – die doch im Prozeß der Geschlechter rechtens auf die Anklagebank statt auf den Richterstuhl gehörten. Sogar ›Figaro‹ strotzt zunächst von dubioser Verletzung und unechter Vergebung: Der erste Pardon des Grafen an den rivalisierenden Cherubin (I, 7) wird erpreßt, der erste Pardon der Gräfin an den eifersuchtstollen Grafen (II, 9) gründet auf Trug und läßt sich in hundertsechzig Takten herrlichster Tauzieh-Musik erfeilschen, Figaros Brieftrick, Susannas Sprödigkeit, Barbarinas Ungehorsam werden aus Opportunität, Begierde, Mitschuld mehr vergessen als vergeben. – Erst zum Schluß nimmt Gnade, erhaben unbesorgt um künftigen Tort und Gram, ihre schützende Maske ab und tritt ins Licht der Wahrheits- und Hochzeitsfackeln. Das Gesicht aber, das da erstrahlt, ähnelt ganz seiner Maske (wie die Gräfin soeben Susanna, weil Susanna immer schon der Gräfin glich): Gnade *ist,* wenn einmal alle Hoffnung der Buffa wahr wird, Verzeihung.

Handeln ›Le nozze di Figaro‹, wie wir eingangs meinten, von einer Anmaßung der Ungleichheit in der Buffa-Gemeinschaft der Gleichen, von der frevelnden Behauptung angeborenen, untilgbaren Unterschieds zwischen Menschen – dann erklimmt die Hybris des Grafen erst vorm Schluß den Wahn, der an Wahnsinn stößt: er habe als Souverän eine Verschwörung aufgedeckt und dürfe sie nun aburteilen. Wäre er der Herrscher der Seria, so müßte er im Augenblick seiner höchsten Macht »clemenza« üben: verzeihen. Die Scena ultima des letzten Finales wächst zu einem wild abgründigen Streit um Wort und Substanz von »perdono«; er mündet in den vertrackten Befund, daß der Ungnädige, dessen Amt Begnadigung wäre, als einziger Gnade nötig hat. Von aller Gnade verlassen heult er, gegen die Erbarmensrufe aller, in gott- und menschenferner Verblendung sein sechsfaches »No!« – Nun erst wendet sich's; und der Buffa wird, monströsem Zorn folgend, Flehens- und Besänftigungsmusik von einer Inständigkeit zuteil, wie sie den Seria-Fabeln Mozarts über Zürnen, Flehen, Besänftigung (doch auch den autonomiestolzen Singspielen) gänzlich abgeht. Nach der Rede des Grafen »Contessa, perdono!«, die ein profanes Gebet, und der Antwort der Gräfin »dico di sì«, die irdische Erhörung ist, scheint Gnade selbst erdwärts zu sinken im Unisono der Geigen – deren Achtel-Abstieg gleichwohl nicht als lehrhafte Tonmalerei sondern wie ein wiedergefundenes Segenswort aus der Sprache vor Babel sich sacht in den Glücksgesang des Ensembles flicht.

›Le nozze di Figaro‹ spielen weder in Beaumarchais' Frankreich, Mozarts Österreich noch im zensurfernen Alibi-Spanien beider; die Namen sind sämtlich italianisiert. Der Name, auf dessen Ruf Gnade hört, heißt »perdono« – nicht die göttliche »grazia«, die herrscherliche

»clemenza«, die untertänige »pietà«. Seine Sphäre reicht trotzdem übers Private hinaus, ist eine nichtinstitutionelle, allein kraft Lebensgemeinschaft verpflichtende Öffentlichkeit: die Gesellschaft. Vier Akte lang streben alle Heimlichkeiten der Intrige auf diese Öffentlichkeit zu, die sich zur Zeugin und Garantin des letzten »perdono« macht, wenn sie die Melodie des Versöhnungs-Ja der Gräfin chorisch wiederholt. Daß in den Chor hier der Choral einging, hat der Katholik Hocquard vermerkt, nur um die Glücksmusik »Ah, tutti contenti« gleich als Kirchenmusik heiligzusprechen. In Wahrheit aber geht der Choral im Chor, alle Andacht der Gemeinde im Glück der Gesellschaft auf, das sich mit diesen Takten aus der Gleichung Natur = Vernunft, Vernunft = Natur als pure Immanenz, freie Menschenwelt konstituiert. Die Gleichung ist allerdings die älteste, fundamentale des Bürgertums: Mit Natur- als handwerklicher Materialnähe, mit Vernunft- als kaufmännischer Risikoeinsicht hat es sich immer schon gegen den Militär-, Priester- oder Amtsadel abgesetzt und legitimiert. Daher blieb das Lustspiel mit seinem Natur-und-Vernunftschluß, die Nea, seit Menander die bürgerlichste und beständigste Gattung europäischer Literatur. Doch nicht vorm ›Figaro‹-Schluß waren ihm These und Beweis erlaubt, daß seine kleine Welt die ganze, seine Gesellschaft die Menschheit ist. Nichts anderes heißt Immanenz.

Als rein Innerweltliches darf Versöhnung in Mozarts beiden letzten Buffe walten: kein befristeter Brückenschlag zwischen Oben und Unten, sondern das tägliche Miteinander von Gleichen als Probe möglicher Menschlichkeit in der Menschenwelt – der einzigen, die sie haben. Sie kennen kein Außerhalb. Kein Gott, kein Souverän, kein Geheimorden wird ihnen gnädig-verfügend »durch ganz unerwartete Dinge von außen zu Hilfe kommen«. Der alte Komödienmechanismus wird durchpulst von seinem oft vergessenen Sinn: der realen Autonomie wunderfern tätiger Selbsthilfe eines jeden, deren Gesamtheit, Ensemble, zum glücklichen Ende drängt.* – Mozarts Retterblick aber wirkt zum ›Figaro‹-Schluß, daß alle Göttlichkeit der Gnade aufgehoben bleibt in der Humanität der Verzeihung. Als schwindlige Fassungslosigkeit der in melodisch Moll kreisenden, Staccato-Sausen zu Stillstand summierenden Tonleitern bei »O cielo! che veggio!« – als solche Unterbrechung der Menschenzeit lebt der Durchbruch des Überzeitlichen fort, als Ensemble-Verwunderung das Wunder.

2

Das Ensemble, untotalitärste Totalität, ist das Inbild von Mozarts Buffe. Nicht läßt es sich entscheiden, ob ihre Welten Utopien sind, ob anders – neben Chardin, Guardi – das fast einzig Utopiefreie, präsentisch Sehnsuchtslose, das neuerer Kunst geriet. Das besagt: Ihr Glück ist da, bevor es am Ende naht. Es lebt in der Gabe aller Personen, sich ohne Rest mitzuteilen: als leuchtend vollständige Anwesenheit jedes Einzelnen in dem Verhältnis, das er zu jedem Anderen, Freund oder Feind, knüpft. »Glück« heißt hier nur zuletzt, daß einem Wünsche oder Hoffnungen erfüllt werden – und nie, daß Belohnung auf selbstkasteiende Leistung folgt, daß einer im Kraft- und Krampfakt des Willens sich das gleichgültige oder mißgünstige Außen gefügig macht. Zuvörderst heißt Glück, daß jeder mit jedem in Liebe und Kampf beisammenwohnt (und dabei erst, statt in sentimentalisch-terroristischem Einsamkeitsfieber, richtig wünschen und hoffen lernt). Daran wird das Spießerhafte der ›Zauber-

---

* ›Le nozze di Figaro‹ lassen jene Abfolge von Bewährung und Lohn, die das Maurer-Singspiel im Übergang zum 19. Jahrhundert mit unsinniger Strebsamkeit, mit Einforderung von Verdientem trüben wird, noch als Ankunft reinen Glücks aufleuchten – eines Glücks, dessen Erlebnis das Ziel jedes verdienstlichen Strebens, das Maß jedes erstrebbaren Verdienstes übersteigt. Musikologischer Neugier wäre aufgegeben, all die Techniken zu suchen, zu benennen, mit denen Mozart innerhalb strikter Formimmanenz seines Œuvre immer neu das Gefühl von Übermaß, Geschenk erzeugt.

flöte‹ vollends meßbar: Es steckt nicht sowohl in der Or-
dens- und Regelfrömmigkeit Taminos als im Trug abstrakter Autonomie: daß der Fremdbestimmte wähnt, für
sich erfüllt und verantwortlich zu sein. Kleinbürgerlicher
Individualismus macht den Deutschen lenkbar: durch das
Instrument seiner Moral, die ihm saure Plackerei verklärt
zu Wonnen einsam-freiwilliger Pflicht und Entsagung.
Das Glück der Buffa aber hat sein Land im Mediterranen,
nicht weil dort im dunklen Laub die Gold-Orangen
glühn, sondern weil sich dort Individuum und Sozietät,
unlutherisch, unkantisch, niemals einander entgegenge-
setzt haben.

Glück ist Kategorie nicht des Einzelnen, sondern der
Gesellschaft: Ja, es ist die vollkommene Gesellschaftlich-
keit selbst, in der Hofmannsthal, zurückblickend auf den
Ertrag abendländischer Kunst, das Geschenk der Komödie sah. Mozart baute seine Sozietät (oder: seine Metapher von Glück als Soziabilität) aus den musikalischen
Formen, die er im Italienischen vorfand: nebst dem Buf-
fa-Ensemble aus dem Seria-Wechsel zwischen Arie und
Seccorezitativ. Daß Musik niemals aufhört, wird zum
Sinn des Secco, das die Komödie, statt auszutrocknen, im
Flusse hält. Es hindert die Figuren daran, aus deren be-
wegter Totalität in ein nur Äußeres von Wirklichkeits-
prosa, in ein nur Inneres von Vereinsamungslyrik auszu-
steigen. Unaufhörlich muß sich ihr Innerstes äußern; und
sein Diskurs ist schon Tat. Daß Gefühl immer schon redet, Rede schon handelt – bruchlose Identität wie vorm
Sündenfall entquillt (in Resten noch bis vor Tristan, Pelléas und dem Sieg des Orchesters) der Eigenart dramati-
scher Musik. Darum ist der gängige Vergleich des Dramatikers Mozart mit Shakespeare vag und fühllos. Mozarts
Figuren hüten keinen Innenraum zum Sich-Verstellen,
und sie werden durch keine Zwischenräume fahler Zweideutigkeit getrennt: Der Umriß der einen ist die Grenze
der anderen. Gewiß können sie einander (bewußt) anlü-
gen; aber – ob Figaro, Leporello, Guglielmo – sie winken
dabei jedesmal mit dem Grenzpfahl possenhafter Über-

pointierung, um weder uns noch sich ins Ausland der Täuschung irren zu lassen. In Giovannis Eheversprechen an Zerlina dagegen, in »Là ci darem la mano« klingt kein Ton nach Lüge; und daß Mozart nicht zeigen mochte, konnte, was es heißt: in Lüge leben – Fehlen des Abgrunds (oder: *daß Glück auf der Straße liegt*) ist das Abgründige an »Così fan tutte«.

Bruchlose Figuren, Immanenz des Spiels erstehen in Mozarts Buffa als höchste, beseligende Absicht und Tat der Musik; doch kein Konflikt wird aus Furcht vor Rissen weggetüncht. Ja, Konflikte dürfen, wie nie zuvor, nie seither, sich real vollständig statt ideologisch verstümmelt zeigen: Der Feind ist nicht weniger wahr als der Freund. So kennen ›Le nozze di Figaro‹ den ganzen, detailreichsten Klassengegensatz, nicht aber die Verketzerung des Gegners bis in den Bürgerkrieg. – Der Feind ist der Graf, der sich selber, allein gegen alle, außerhalb der Gesellschaft, ja scheinbar der Sozietät der Töne postiert. Taub singt er gegen den orgelhaften Versöhnungsruf der Stückmitte an, der (bei so vielen schiefen Bitten und Pardons) einzig schon Sinn und Würde der letzten Verzeihung in Klang holt: »Deh, Signor, nol contrastate«. Er kontrastiert nicht ungestraft. Das Los des in die Buffa verschlagenen Herrschers ist komische Beschämung, die alle bühnenverfügbare Tragik der Zeit – außer der einen, von der gleich die Rede sein soll – an Grausamkeit übertrifft. »Signor cont*ino*«. Wort und Ton sagen gleich bei Stückbeginn die Degradierung des Granden zum Kleinsten voraus; doch eben auch, daß der Herr nicht zum Bösewicht wachsen, sondern zum Menschen schrumpfen soll. Bestrafung, Belehrung, Eingemeindung der in ihrem Laster verrannten Hauptfigur gehören zum ältesten Komödienschluß. Ist darum die Deutung des ›Figaro‹ als Revolutionsstück gegen Standesherrschaft so verdreht, wie wenn man beteuerte, Molières ›Geiziger‹ wolle die Abschaffung des Privateigentums?

Mozarts – wie schon Beaumarchais' – Komödie greift über die von Menander bis Molière zivilisatorisch gezähmte Aggression der Nea einzigartig hinaus: kraft des Widerspruchs zwischen ihrer Eine-Klasse-Form und Zwei-Klassen-Fabel. Dieser schafft antagonistischen Bezug der eigenen, komischen zur fremden, seriösen Gattung. Mit dem Wüten des Grafen in der Bürgerwelt thematisiert und widerlegt die eine Buffa den Grund-Satz aller Spätseria – daß die Güte des Ungleichen ausreiche, Ungleichheit gutzumachen. Deshalb wirken Figuren und Aktionen des Unikums ›Le nozze di Figaro‹ wie polemisch verkehrt gegen das Schema ›La clemenza di Tito‹. Beim Titel angefangen: Held ist der rebellische Knecht, nicht der gnädige Herr; Versöhnung wird zwischen Gleichen statt zwischen Souverän und Untertan besiegelt, mit Hochzeit statt Amnestie. Zu solchem Behuf muß der Zürnende selbst zum Flehenden erniedrigt, göttlich-herrscherlicher Zorn ein für allemal als Wahn und Willkür überführt werden. – Gutes Ende heißt darum äußerste Verkehrung: Der Souverän kniet und wird von der Verschwörerin begnadigt, deren Komplott je schon Versöhnung statt Rache wollte. Mit der Macht auch der Schuld entledigt, muß der Frevler nicht in Donner, Blitz, Sturm zur Hölle fahren.

3

Giovanni fährt zur Hölle – weil er dem Himmel bis zuletzt die Losung von Mozarts Buffe entgegenrief: »Le ciel, c'est les autres.« Er kennt nichts als Menschen, lebt süchtig nach deren Anblick, Geruch, Berührung. Als treibe ihn der entfesselte Geist der Buffa, sucht er die vollste, nächste Präsenz der Anderen: der Frauen. Seinem Sturz gehen zwar Leid, Kampf, Tod von anderen voraus; und sein Zwiegesang mit dem Steinernen Gast läßt endlich Leid, Kampf, Tod in jenes verzerrt Riesenhafte der Agonie wachsen, das sonst weder Musik noch Drama, nur

Alpträume schauen. Doch an Ganzheit und Ausdrucks-
elan der Figuren, an Beieinander im Ensemble hat sich
von ›Figaro‹ zu ›Don Giovanni‹ nichts gemindert. Das
Dramma giocoso (Mozart trug es als »opera buffa« ins
»Verzeichnüß aller meiner Werke« ein) ist so randvoll
tönenden Glücks wie die Commedia per musica. Ja, es ist
die Probe auf erdimmanentes Glück. Der Held nimmt es
sich in unmäßiger Wörtlichkeit oder Grundsätzlichkeit,
was ihm eines ist: Denn Giovannis Grundsatz heißt das
Wortwörtliche, sein Glück – wie Kierkegaard wußte –
nicht die Frau oder alle Frauen, sondern jede Frau. In der
Mitte der Komödienstruktur klafft ein bestürzendes Paradox: Giovanni erdrückt das Glück der Anderen nicht
durch Geiz, Eifersucht, Menschenhaß, sondern als die
Verkörperung des Glücks. – Der Held der Nea personifi-
ziert stets ein Prinzip und ist ein Besessener; denn seine
Person ist nur mehr dies eine Prinzip, Laster. Der Lauf
der Komödie soll ihn davon heilen – bestrafen, belehren,
eingemeinden. Nur: Die Buffa-Gemeinde von ›Don Giovanni‹ kann Giovanni nicht strafen und nichts lehren; ist
doch sein Laster – Erdenglück – ihr Gesetz. Darum bestraft den Unbelehrbaren, finis comoediae, der Himmel.
  Seit Tirso spielt Don Juans Unheiligenlegende in Sevil-
la. Drei Meilen davor liegt Aguas-Frescas, das Schloß des
Grafen Almaviva. Bei Mozart kehren die Figuren mit den
Konfigurationen wieder: Selim wurde zu Titus und Sarastro. Der Graf will Giovanni werden; nur dank der
Schwäche seiner Schwächen ist er es nicht. Giovanni aber
könnte ein Almaviva bleiben – teilen mit ihm die Komik
des ohnmächtigen Mächtigen (teilen sogar, da am »tollen
Tag« beiden jede Aventure mißrät, die Ur-Komik der
Jahrmärkte: unaufhörliche, vergebliche Erektion). Doch
sein Unzähmbares scheucht das Lachen der Partner und
Zuschauer, das ihm verziehe. – In der Komödie sind Alle
dem Einen überlegen, das ist ihr Glück, in der Tragödie
Einer Allen, das ist sein Fluch. Im Umschlag der Komö-
die in Tragödie – dramma giocoso – verbündet sich die
Buffa-Gemeinschaft mit dem Himmel, da sie ihr mitt-

leres, metaphorisches Glück schwächer als Giovannis grundsätzlich-wortwörtliches Glück weiß. Sie siegt; aber das Glück versinkt mit ihm. Erst die Rückschau zeigt in ausglimmendem Höllenlicht: Ein sinnenfremd bürgerlicher Zug zeichnet nicht nur Ottavio; Anna, deren Leidensmelodik noch barocke Hoheit hat, hängt gleich Lessings, Schillers Töchtern statt am Liebhaber (Ottavio oder Giovanni) schreck- und tugendgebannt am Vater. Glücksverzicht um ihn lähmt und spornt Giovanni. Um Nähe in der Welt zu erzwingen, die undurchdringlicher wird, schlägt und durchstößt er die Männer, penetriert er die Frauen. Die Spätform seines Dramas entstand in einem jener schmählichen Augenblicke, da die Gesellschaft eine Neue Moral erfindet: die Idee *ihres Glücks* wieder einmal eintauscht für das Machtinstrument *des Guten.* Solcher Moment weckt verloren trotzige Lust am Bösen.

Der »letzte Feudale« heißt er erst jüngst; er war es schon bei Molière. Rauflust, Libertinage, Lästerung gegen Väter und Gott wurden dort sogar schroffer dem Hochadel angekreidet, schriller vom Grandseigneur verkündet. Was Don Giovanni dem Dom Juan kraft Musik und anderthalb Jahrhunderten Sensualisierung der Kultur voraushat, ist gerade ein Nichtrepräsentatives: vital pulsierende Einheit, Augenblicklichkeit jener Lüste – und Verflechtung in die Lebenswelt seiner Gegner. Dem momenthaften Widerspiel zwischen ihm und ihnen entspringt die eigenste Virtuosität der Rolle: müheloser Wechsel von Schmelz und Roheit, Verführung und Gewalt. Deren Verwechselbarkeit macht das Begnadete des Giovanni-Sängers, das Satanische der Giovanni-Figur aus. Die Oper erschafft den dramatischen, trifft zugleich den epochalen Augenblick: jähen Dursts auf das Höllengebräu aus Verführung und Gewalt. 1787 sind ›Les liaisons dangereuses‹ fünf Jahre alt, die Ur-›Justine‹ wird eben geschrieben. Der Feind in diesen Diablerien hinkt seiner Zeit nach und jagt ihr voraus, noch Libertin, schon Dandy; seine Feinde locken, hetzen ihn bald mit katholisch-ständischer, bald mit tugendfromm-bürgerlicher Moral. – Mozart hat Teil an dieser Zweideutigkeit der Wende: Sein Modernstes schöpft er aus Obsoletem. Wieder verschmäht er den platt säkularisierenden Zeitgeist, der den strafenden Himmel in Laclos' Roman durch Pokken, in Goldonis Giovanni-Komödie mit dem Blitzschlag ersetzt. Der einst beim Kürzen des ›Idomeneo‹- Orakels schrieb, »Wäre in Hamlet die Rede des Geistes nicht so lang, sie würde noch von besserer Wirkung sein« – er wagt jetzt, den längsten, größten Dialog der Oper dem Vater-Geist zu geben.

Wieder gelingt Mozart das Unfaßliche: Die innerste Seria-Substanz, die an ihrem Ort zu Forderung und Fiktion verkam, wird Wirklichkeit in der Buffa. Mit dem ersten Akkord der Ouvertüre beginnen Himmel und Erde den ungeheuren Streit: Drohen und Flehen ertönen, wie nie zuvor in Musik. ›Die Entführung‹, ›Figaro‹ erfanden Neuen Gesang, um die Geste der Gnade in eine entgötterte, entfürstete Welt zu retten. Hier dagegen wird das Alte Hohe selber zitiert, invoziert, und der tote Gott, Herrscher, Vater kehrt höchstselbst aus seinem Grab zurück; doch er kennt keine Gnade. Zu sagen, daß ›Don Giovanni‹ zu den rarsten Opern seiner Zeit zählt, die schlimm ausgehen, reicht nicht. Das Denkwürdige heißt: Unter den sieben Opern, die Mozart im letzten Lebensjahrzehnt, von ›Idomeneo‹ bis zur ›Zauberflöte‹, schrieb, waltet allein in ›Don Giovanni‹ weder Verzeihung noch Gnade.

4

Der Schluß gehört der Ouvertüre. Gluck, der sie eigentlich erfand, schrieb: »Ich denke mir, daß die Sinfonia die Zuschauer *auf die Bühnenhandlung vorbereiten* und sozusagen *ihre Inhaltsangabe bilden* soll.« Daß die Ouvertüre zu ›Don Giovanni‹ das erste unvergleichlich tut, das andere aber unterläßt, hat Wagner vermerkt. Ja, der Hörer, der mit ihr durch die Fabel zu dringen glaubt, wird beim Umschlag von Strafgericht in Jubel kraß irregeführt. Wagners prompte Apologie, die Ouvertüre solle nicht »das ganze bereits in sich abgeschlossene Drama« erzählen, »nur ein idealer Prolog sein«, entschärft Mozarts Kühnheit. Denn nicht zeitlos, sondern zeitverkehrt ist das Verhältnis, das er den beiden Teilen gab. Das Allegro unbändiger Selbstbejahung schnellt aus dem Andante erhaben starrer Hierarchie hervor wie der Kern aus seiner brüchig gewordenen Schale: Verheißung voll Ungeduld, daß Giovannis Wille den vorgegebenen, gottergebenen Fabelverlauf, Mythos, sprengen werde. So reicht auch Wagners Charakteristik der Teile nicht an deren Bestand: »Eine leidenschaftliche Erregtheit des Übermuts steht im Konflikt mit einer furchtbar bedrohenden Übermacht«. Der d-Moll-Actus nämlich (Tutti-Schläge gegen Geigenächzen, punktierter Halbtaktschritt gegen synkopierte Viertel) ist selbst schon Konflikt: zwischen Übermacht und Ohnmacht, Verdammnis und Ruf nach Erbarmen. Deren statuarischer Bezug, der sich Ewigkeit anmaßt, kerbt sich wider die rasende Zeitlichkeit des D-Dur-Brio untilgbar ins Gedächtnis. Verkehrung der Handlungszeiten ist die Strategie der Ouvertüre, den Hörer am Punkt des Temposprungs, auskomponierter Zeitenwende, anzuhalten: ihn in ihr Dilemma von Verräumlichung der Zeit oder Verzeitlichung des Raumes, Fatum oder Emanzipation, zu ziehen.

Das Modell Introduktion/Sonatensatz (darin die Prager Symphonie schon D-Dur-Themenarbeit wie phylogenetisch aus d-Moll-Trauerpomp entspringen ließ) weitet sich hier zur Figur der Opern- als Subjektgeschichte. In der Antithese von Raum und Zeit, Monumentalität und Augenblicklichkeit erfaßt das Doppel-Musikstück den Bruch zwischen Barock und Moderne als Aufbruch des Subjekts. Das Andante schafft – mit äußerster Verkürzung aller Motive bis zum Schein der Starre – ein radikal neuartiges Zitat der archaischen Grave-Form. Es beschwört einmal noch das Pathos größtmöglicher Spanne, vom Himmel zur Erde: Über den Riß durch die Welt steigt der seit Monteverdi jede Seria stiftende Dialog zwischen »Ira« und »Humiltà o Supplicatione«, Drohen und Flehen. Das Allegro aber stößt mit panisch grellem Triumph aus der versteinerten Feind- und Komplizenschaft von Herrscherzorn und Untertanendemut vor in die Innerweltlichkeit, Bewegungstotalität: in die *Freiheit* der Buffa. – Die Gewalt solchen Vorstoßes kippt die Buffa in eine singuläre Tragödie. Genauer, ›Don Giovanni‹ ist die Tragödie nicht sowohl Giovannis als der Buffa. Jene Dialektik ihres Glücks, das Giovanni lebt und das sie in Giovanni töten muß, hat das makellos Unanfechtbare des Verhängnisses. Das Bürgertum gibt die Freiheit der Buffa, die es für sich errang, wieder dem Zwang preis: aus Schrecken vor der Willensmacht neuer Individualität, die es als die alte Willkür verkennt, anklagt, aburteilt. Seit je glänzte dem Bürger das Bild seiner utopischen Befreiung in der Gestalt des Herrn entgegen. Nun zahlt er den Preis realer Befreiung als korrekter Kaufmann voraus: Auslöschung des Herrn samt seinem Glanz.

Jahrzehnte vor der Revolution konstituiert sich jene selbstverstümmelnde Sittlichkeit, die weniger die Herrschaft des Herrn als die Freiheit des Libertins bekämpft. Auftritt der Steinerne Gast. Der nimmt Rache an der Buffa, deren Immanenz ihn ins Grab trieb: Er exekutiert im Auftrag der Bürger zugleich den Feind ihrer Autonomie und ihre Autonomie. Das himmlische Strafgericht über Giovanni, Ende aller Buffa, kann sich also, wer will, als Allegorie des nahenden irdischen denken: Der Weg des Seigneur führt, wenn nicht zurück ins Ehebett zur Bürgerlichen, aufs Schafott. Die Wiederkunft des Komturs aber bringt kein Novum, Öffnung, sondern der Ouvertüre dritten Teil. Giovannis Vorstoß, Flucht durch die ganze Oper endet beim mythisch Unbeweglichen, wie im Märchen voll Häme: »Ick bün all dor.« – Im Finale erst wird die eherne Klammer ganz sichtbar, mit der das Schicksal die Emanzipation, die Seria die Buffa umfaßt.

Oft wurden, um die Relation von Ernster und Lustiger Gattung im Dramma giocoso zu bestimmen, dessen Figuren, ja Nummern auseinandergerechnet, beamtenhaft in einen der zwei Bezirke eingewiesen. Mozart aber schuf Klarheit des Dramas, tiefste Ambivalenz der Tragödie durch eine Eingebung, die ›Don Giovanni‹ (Goethe wie Kierkegaard sagen es) gegen jede Auflösung feit, einzigartig unausdenkbar macht. Es geht um den *doppelten Blick,* der von einer doppelten Klammer, Einrahmung her auf jede Einzelheit fällt. Denn nicht nur spannt sich der Rahmen der Seria vom Beginn der Ouvertüre bis zur Höllenfahrt atemverschlagend fremd um alle Lebensfülle der Komödie. Dicht fügt sich darin der andere Rahmen: die Buffa-Sicht Leporellos, der sein Vorrecht übt, uns unverschämt nahezutreten, sich mit dem Publikum gleichzusetzen.

In den ersten Takten der Introduzione etabliert Leporello das Spießgesellen-Einverständnis der Normalität – des Überlebenwollens – mit uns: Schon das Gemälde Annas und Giovannis in den nächtlich flammenden Chiaroscuro-Farben, Anfang der Tragödie, erscheint unserem durch seinen Blick. Daß erst der Blick von unten (vom Diener, vom Zuschauer) die Gesichte der Bühne zugleich immens und real macht, lehrt Klemperers geniale Einspielung des Komtur-Finales. Sie erzielt Panik und Größe des letzten Widerstreits, indem sie den stammelnden, bebenden, seine Sinne und sein Leben mit letzter Mühe zusammenhaltenden Leporello als Vermittler ganz in den akustischen Vordergrund zieht. 1947 studierte Klemperer ›Don Giovanni‹ in Budapest ein: Für die Introduzione bereits holte er Leporello dicht an das *rechte Proszenium;* und der Dienerkommentar brach sogar das Sterbeterzett auf – mit einer Irritation von ruhelosem Rhythmus und irrenden Intervallen, die den Tod trotz f-Moll-Ergriffenheit als Mord zu sehen, zu hören zwang. Im zweiten Finale aber, Abschluß des Rahmens, ließ er für Leporello einen Serviertisch ins *linke Proszenium* stellen: Dort verkroch sich der – »Siam tutti morti!« –, von dort störte und vollendete er das Schreckensbild. Die Handlung beginnt und endet mit Leporello; aber er handelt beide Male nicht: schaut schaudernd-genießend zu und überlebt, wie wir.

*

Die Tragödie ›Don Giovanni‹ ist, nach Gehalt wie Geschichtsort, die Umklammerung von Seria und Buffa, in der beide untergehen. Das Finale rückt Giovanni mit zerreißender Gewalt in die Nähe zugleich des Buffa- und des Seria-Helden, um ihn von beiden für immer zu scheiden. Sechsmal ertönt wieder das »No!« der Hybris aus dem ›Figaro‹-Schluß. Es antwortet nicht dem Erbarmensruf der Menschen, sondern dem Reuebefehl des Himmels; die aber sind gleicher Wurzel in den Augen des Verblendeten (des Rebellen). »Péntiti!« heißt für ihn: Flehe, wenn schon nicht um »pietà« wie dein Diener, dann um »perdono« wie dein Adelsbruder. Giovannis »No!« weist zuallererst die Verzeihung der Buffa als nichtige Fiktion, Kosmetik am Leib des Lebens, zurück. Für diese Absage büßt er: Die Buffa-Gemeinschaft zog den Grafen siegreich herab ins Leben, der Himmel stößt Giovanni siegreich hinab in den Tod. – Im Angesicht des Todes erfüllt nun Giovanni das Heldenmodell der Seria, teilt Qual und Privileg mit Agamemnon, Idomeneo als Halbgott über der Menschenwelt, der Götterwillkür erleiden muß und verklagen darf. Nur: Er verachtet, überwindet auch den Demuts- und Versöhnungseifer jener tyrannisierten Tyrannen; dem Unirdischen ruft er nicht »Ingiusti Numi!« sondern »Vecchio infatuato!« zu. – Nirgends sonst in Mozarts Opern wird Emanzipation ganz gewagt. Ihr letaler Ausgang hier widerlegt die Seria nicht weniger endgültig als die Buffa, den Gnaden- wie den Verzeihungsschluß. Giovannis »Non ho timor!« beschämt den Grafen, der sich ins gute Ende bückt, als Leichtgläubigen und Feigling. Den Komtur aber, der das böse Ende wirkt, entlarvt es als den Teufel statt den Gott/Fürsten der Souveränitätslehre: als den Tyrannen, der Rache statt Gnade übt. Im Augenblick der Höllenfahrt wird alle frühere Oper, ob Gattung der Gnade oder der Verzeihung, zur Kunst der Lüge. Wahrheit hat nur noch der Kampf zwischen Auflehnung und Repression, Befreiung und mythischer Rache. Die bürgerliche Kultur wird dies, bei all ihrer Heuchelei und Selbstgerechtigkeit, nie mehr ganz vergessen, verschleiern: Die Lebenskraft der Welt wohnt fortan in der Nähe des Bösen.

›Don Giovanni‹ schließt, wie er beginnt, mit einer Irreführung des Hörers. Nach dem Drohrhythmus aus der Ouvertüre erklingt, kaum daß der Rächergott aufgetreten ist, auch ihre Flehensmelodie mit den peingewunden synkopierten Vierteln im Orchester wieder. Aber der Mensch und Untertan, dem die Melodie zugeteilt scheint, singt ihre Töne nicht; er singt darüber, dagegen die hart punktierten Unglaubensbekenntnisse seines Trotzes. Wie sollte ›Don Giovanni‹ mit Gnade enden? Giovanni fleht nicht.

Der Weg wird nochmals gegangen: als testete ein zweites Bewußtsein mit Belegen und Bedenken, was das erste ihm vorgeschlagen hat. Anregung dazu gab der Kapitelschluß in einem Expeditionsbericht:

»Ohne die Nahrung und Ersatzstoffe, mit denen uns Nortons Leute, genau unseren Spuren folgend, nun einholten, hätten wir alles verloren am weitesten Punkt unseres Vorstoßes. Mit diesem Nachschub von Anfang an bepackt, wären wir aber unmöglich so weit vorgestoßen. So war der Jubel groß, als Miller, blondschopfig und immer lächelnd, einen Ballen nach dem anderen von seinem Schlitten warf.«

(James S. French, Through the White Desert)

I

ZÜRNEN UND FLEHEN. – Von Monteverdi sind uns zwei
große Texte überliefert, die vom *Gegenstand* seiner Musik reden. Beide sind ihm zu Diskursen über das Drama
geraten: über die Ausdruckscharaktere, die es erschaffen,
beleben. Drei herrschende Affekte findet er in der Seele:
Zürnen (»Ira«), Mäßigung (»Temperanza«) und Flehen
(»Humiltà o supplicatione«). Sie nachzuahmen obliegt
der Musik. Im Vorwort der ›Madrigali guerrieri e amoro-
si‹ 1638 – Denkertrag seines Werkes statt nur Auslegung
dieses einen um Kriegswut und Liebesgram – rühmt sich
der Komponist, den seit den Griechen verschollenen
Charakter des Zorns in der Musik wiederentdeckt zu haben. Seine Suche sei von der Erkenntnis angespornt worden, daß es nur »die Gegensätze (gli contrari) sind, die
unsere Seele heftig rühren (movono)«. Das ist die Einsicht
des Dramatikers. Sie machte Monteverdi zum Dramatiker. Sein Postulat von Gegensatz, Streit, Dialog meint
den zwischen Zürnen und Flehen; hat doch Mäßigung –
der mittlere Affekt – ihr Wesen gerade daran, frei von
Kontrast und Kampf zu sein. Wenn Monteverdi nun den
drei Affekten ihre tönenden Charaktere zuweist, nennt er
die beiden extremen (»concitato« für Ira, »molle« für
Supplicatione) schon unmittelbar nach- und gegeneinan-
der; während jenes Mittlere (»temperato«) als Vermittlung, Überwindung aller Heftigkeit des Dramas an die
dritte, abschließende Stelle geglitten ist.

Im Brief an einen Auftraggeber zwei Jahrzehnte zuvor
(9. Dezember 1616) spricht der praktische Dramatiker.
Als Wirkung der Oper gibt er bereits hier die Rührung
(»movere«) an: Bewegen der Affekte des Hörers kraft
Nachahmung der Affekte des Menschen. Er wehrt sich
gegen ein allegorisches Libretto, das die Winde untereinander dialogisieren läßt: »Ariadne hat gerührt, weil sie
eine Frau ist, und Orpheus hat ebenfalls gerührt, weil er
ein Mann ist und kein Wind«. Wie in jenem Vorwort vom
Zürnen, so spricht er jetzt ausholend vom Flehen: als *Ziel*

der ganzen Handlung (»favola tutta«). »Ariadne führt mich zu einem berechtigten Lamento; Orpheus zu einem berechtigten Bittgesang« – wohin aber soll ein Kampf der Winde unsere Gefühle führen? Mit Ziel (»fine«) benennt Monteverdi wohlgemerkt nicht das *Ende* der Oper (beide Monologe standen in der Mitte), sondern offenbar den *Zweck* der Oper, den inneren Richtpunkt ihrer Teleologie: In der Klage erfüllt sich die rührende Nachahmung des Menschen. – Falls das »temperato« (pedantisch: das »Ausgeglichenwordene«) in solcher Teleologie noch seinen Platz hat, so auch hier nur den dritten: als bloßes Ergebnis. Seiner Schlichtung zwischen Zürnen und Flehen fehlt noch die politisch-theologische Würde der Versöhnung. Froh und anspruchslos prägt sich ihr Gestus aus in den Chören und Tänzen des Schlusses.

Jener Streit der extremen Affekte nun teilt der Musik ihre leitende Aufgabe und Gabe mit: das »parlar cantando« (Widerlegung des virtuosen, eitel sinn- und dramenfremden »cantar parlando«). Die hohe Beredsamkeit der Seria ersteht, so mag man Monteverdis Affekt- zur Gattungslehre extrapolieren, im Dialog zwischen Dem – Gott oder Souverän –, dessen Art Drohen, und denen – Frau oder Mann –, deren Art Klagen ist. – Das »temperato« aber wird sich erst spät in der »seraphischen Ruhe« (so Bloch), im »Silbernen« von Glucks Elysium vollenden: in der Halluzination eines seligen Reichs ohne Herrschaft, jenseits von Furiendrohung und Sängerklage, von Zürnen und Flehen.

II

SINGEN UM GNADE. – Wie Belcanto ein Problem für das Staatsrecht wird, führt uns Peri/Rinuccinis ›Euridice‹ (1600) vor, indem sie Wehklage mit Gesetz, Gesetz mit Gnade »kontrastieren« läßt. Der Schauplatz ist eine absolute Monarchie, die Hölle:

ORFEO: Lagrimate al mio *pianto*, ombre d'inferno…

PLUTONE: Dentro l'infernal porte
non lice ad uom mortal fermar le piante.
Ben di tua dura sorte
non so qual novo affetto
m'intenerisce il petto:
ma troppo dura *legge,*
legge scolpita in rigido diamante,
contrasta a' preghi tuoi, misero amante.
ORFEO: Ahi! che pur d'ogni legge
sciolto è colui che gli altri affrena e regge;
ma tu del mio dolore
scintilla di pietà non senti al core...
PLUTONE: Romper le proprie leggi è vil possanza;
anzi reca sovente e biasmo e danno.
ORFEO: Ma de gli afflitti consolar l'affanno
è pur di regio cor gentil usanza...
PLUTONE: Trionfi oggi la *pietà* ne' campi inferni,
e sia la gloria e 'l vanto
de le lagrime tue, del tuo bel canto.

Unentschieden bleibt in der Debatte: Stärkt oder
schwächt sich der Fürst, der mitleidvoll das eigene Gesetz
bricht? Beweist oder widerruft Gnade die Allmacht des
Souveräns?

III

TYRANN UND SOUVERÄN. – Fénelon, Fürstenerzieher und
Autor des letzten großen Fürstenspiegels (Les Aventures
de Télémaque, 1699), verschwieg sich und der Welt nicht:
»L'autorité souveraine est une grande tentation:... tout
homme porte en soi le principe de la tyrannie«. Doch wie
gezähmt-taktvoll Fénelons, ja schon Corneilles Formeln
für diesen Tatbestand waren, birst hervor bei der Gegen-
probe an den Trauerspielen des deutschen Barock. Gott-
ähnlicher Herrscherzorn exaltiert sich hier zum machtbe-
soffenen Wüten, und das »Aufgeblähte« (das Fénelon sogar dem ›Cinna‹-Augustus vorwarf) okkupiert die Bühne

als grell aufgedonnerter Kostüm- und Sprachprunk clownesk wankender, röhrender Riesenpopanze voll schrankenloser Machtgier.

Von Generation zu Generation wurde unter dem Einfluß französischer Höflichkeit und Höflingspflicht immer mehr verdeckt, was man in Europa von fürstlicher Allmacht schon gewußt hatte – bis dann von den herrschenden Eigenschaften des Herrschers nur die Selbstbeherrschung übrigblieb: »Mildigkeit« und »Gütigkeit« (so seicht-privat übertrug man Metastasios ›Clemenza‹-Stücktitel um 1750). – Von »clemenza« hatte der Tyrann der alten Dichtung, den die neuen Hofpoeten durch Schmeichelei zu bannen suchten, allerdings noch nichts verspürt: »Man hänge, brenne, man rädere, es trieffe in bluth und ersauffe im Styx wer Uns beleidiget. (wirfft alles über ein hauffen und geht zornig ab).«

IV

Vom gütigen Herrscher. – Die Wendung »le bon Dieu« kam (laut Ariès) bis um 1700 nur im Elternjargon für Kinder vor: als Verniedlichung des wahren Sachverhalts, den man noch früh genug kennenlernen würde.

V

Iustitia versus clementiam. – Westeuropas Rathäuser in Renaissance und Barock zieren ihre großen Säle mit gemalten Exempeln der Justiz. Schwierige Urteile (Salomon), Bestrafung ungerechter Richter (Kambyses), Aufspüren verborgener Verbrechen, Entlarvung falscher Zeugen: die Bilder, oft zyklisch gereiht, ermahnen die Richter zu allen Arten skrupulöser und phantasievoller Gerechtigkeit – nicht aber zur Großmut. Das mag daran liegen, daß der Magistrat im Rathaus sich nur beauftragt wußte, Recht zu finden; Gnade zu spenden, überließ er dem Fürsten in seinem Palast. Ob ein ›Christus und die Ehebrecherin‹, den Holbein 1521 unter einem Dutzend anderer Gerechtigkeitssujets für den Großen Rathaussaal in Basel malte, als Ermahnung zu *richterlicher* Gnade galt, ist nicht zu entscheiden – jedenfalls taucht auch dieses Thema erst 1720 (im Maastrichter Stadthaus) wieder auf. »Soviel wir sehen, ist das seit Holbeins Tagen... zum ersten Male wieder eine Darstellung, die zu sittlicher (!) Milde mahnt« (Karl Simon, Abendländische Gerechtigkeitsbilder; Frankfurt a. M., 1948).

Danach aber mehren sich die Rathausbilder mit Großmutexempeln. Zum beliebtesten wird ›Die Großmut des Scipio‹. Das Sujet breitet sich freilich nicht von Rathäusern und Gerichtssälen aus, sondern schon ab Mitte des 17. Jahrhunderts von den fürstlichen Residenzen. Als Cochin 1764 königliche Tugenden für vier Supraporten von Choisy sucht, findet er Gerechtigkeit – und dagegen gleich dreifach: Gnade, Milde, Großmut. Wink malt 1788 für den bayerischen Hof drei Scipio-Exempel: alle zeigen die »clemenza«, kein einziges die Siege des Feldherrn. – Wer den Untergang des Absolutismus begreifen will, muß bedenken, wie dieser sich selbst und seine Untertanen entpolitisierte. Verloren und ausgetilgt hat er jede Erinnerung an die Krisen von Herrschen und Gehorchen, denen er doch seinen Auftrag verdankte: Beendigung des Bürgerkriegs. Auch in der Kunst ließ er die Ikonographie politischer Notwendigkeiten verdrängen von der solemnen Rühmung fürstlicher Luxusfunktionen, deren vornehmste gewiß die Gnade war. Unverständig mußte er dann erleben, wie das Volk alle Herrschaftsfunktionen als Luxus ansah und, sie abzuschaffen, einen neuen Bürgerkrieg begann.

Die Aufträge für Gerechtigkeitsbilder hörten in ganz Europa um 1790 auf; für Großmutbilder auch. Es gab wieder Siege zu verherrlichen: im Bürgerkrieg, im Eroberungskrieg der Revolutionsarmeen.

VI

IMPOTENZ IM STRAFEN. – Montesquieus berühmte Doppelstellung als Nostalgiker der vorabsolutistischen, Prophet der nachabsolutistischen Ordnung kann in uns ein Gespür wecken für die politische Gratwanderung jener Zwischen-Zeit des Absolutismus: Nicht erst in ihren letzten Jahren wurde der Herrscher nur dafür akzeptiert, was er zur Schwächung seiner Herrschaft tat. – Erwartungen und Unglaube an die Souveränität spitzten sich allemal im Kriterium der Gnade zu: Sie mußte erweisen, ob und wie weit der Souverän bereit war, den seinen konträre rechtliche und gesellschaftliche Interessen nicht auszurotten sondern einzubinden, also Duldung zu üben – um sich damit Duldung von seinen erst noch bedeckten, bald schon offenen Gegnern zu erkaufen.

Montesquieu plädiert dafür, daß der Monarch keine Urteile fällt (das heißt für die Abtrennung der Justiz als »dritter Gewalt«). Sein Scharfsinn, geschult in der täglichen Widerstandspraxis der Adelsparlamente, bringt vier Argumente gegen den Monarchen als Gerichtsherrn: 1) Es bedeutet das Ende aller Sicherheit für den Bürger, wenn der, der die Strafgewalt führt, auch bestimmt, wann sie angewandt werde; 2) dem Monarchen mit seinem Staatsapparat obliegt die Aufdeckung der Vergehen – nicht auch die Entscheidung über ihre Verfolgung oder Nichtverfolgung: sonst würde er zugleich Ankläger und Richter; 3) da zu den Strafarten die Konfiszierung gehört, hat der Souverän als Richter ein unzulässiges Interesse am Schuldspruch. – Uns geht es aber um das vierte, letzte Argument: »De plus, il perdrait *le plus bel attribut de sa souveraineté,* qui est celui *de faire grâce:* Il serait *insensé* qu'il fît et défît ses jugements; il ne voudrait pas être en contradiction avec lui-même« (De l'esprit des loix, 6, V).

In der Endzeit des Absolutismus verklärt die Aufklärung – nicht ohne Montesquieus Mitschuld – genau diesen »Unsinn« zum musterhaften Herrschen. Wird »clemenza« nicht als Ausnahmerecht sondern als Alltagspflicht der Staatlichkeit verstanden, so besteht das Amt des Souveräns darin, alle Strafurteile aufzuheben. Ob er oder eine zweite, dritte Gewalt sie gefällt hat, ändert nichts an der Absurdität – das belegt Metastasio, Montesquieus Generationsgenosse. Seine Fabel von ›Tito‹ setzt sogar Gewaltenteilung voraus; das Urteil über Sesto wird nicht vom Kaiser, sondern vom Senat gefällt. Daraus folgt aber lediglich, daß Titus' routinegewordene Amnestie nicht nur ihn selbst, sondern auch den Senat entmachtet. – Montesquieu sieht das Problem, verschleiert es aber mit jenem Konservativismus, der aus ihm den besten Utopisten macht: Sein scharfsinniges Mißtrauen gegen den Souverän paart sich mit idyllischem Zutrauen zu dessen altneuen Feinden.

Sein Kapitel ›De la clémence du prince‹ (6, XXI) gerät zu einer rührseligen Beschwörung der alten Feudalwerte Ruhm, Loyalität, Ehre, als lebte man noch zu Zeiten des ›Cid‹: Die Großen seien so verletzlich durch Ungunst, durch wahren oder imaginären Verlust ihres Ansehens, daß es gegen sie nicht der Strenge, nur der Milde bedürfe. (Daß auch ein Bauer, ein Kaufmann Gnade oft gut brauchen könnte, läßt Montesquieu unerwähnt.) »Les monarques ont tant à gagner par la clémence, elle est suivie de tant d'amour, ils en tirent tant de gloire que c'est presque toujours un bonheur pour eux d'avoir l'occasion de l'exercer«. Bleibt die Hauptfrage: »Mais, dira-t-on, *quand faut-il punir? quand faut-il pardonner?*« Die Antwort kommt erneut vom Idylliker statt vom Juristen (sie bedenkt nicht den Ernstfall, sondern hofft, daß er ausbleibt): »C'est une chose qui se fait mieux sentir qu'elle ne peut se préscrire. Quand la clémence a ses dangers, ces dangers sont très-visibles; on la distingue aisément de cette faiblesse qui mène le prince au mépris et à l'impuissance même de punir.«

Metastasios erfolgreichster Operntext entstand wenige Jahre vor Montesquieus einflußreichstem Buch. Dennoch ist jener schon die Verherrlichung des Staatsgebrechens,

vor dem dieses kaum warnen zu müssen meint. ›La clemenza di Tito‹ hat keinen anderen Gehalt als »*l'impuissance même de punir*«, Impotenz im Strafen.

VII

SENECA AN NERO. – »Dein Urahn Augustus verzieh den
im Bürgerkrieg Besiegten. Über wen hätte er geherrscht,
hätte er nicht verziehen?« (De clementia)

VIII

CINNA. – Tief und verwirrend ist, wie Corneille alle Wi-
dersprüche der bei Seneca/Dio Cassius/Montaigne vorge-
fundenen Fabel sammelt und verschärft, um den Bruch
aller Brüche, den Augenblick der Staatsgeburt aus dem
Bürgerkrieg zu konstruieren. Im ersten Akt zeigt er die
Welt strikt vom Blickpunkt adligen, edlen Widerstands.
Den großen Streit dann um den Vorzug von (Adels-)
Republik oder Monarchie, dem Alten oder dem Neuen,
läßt er mit Kühnheit – gegen König und Kardinal – unentschieden. Ja, der Streiter für den Absolutismus, Cinna,
redet und handelt aus Verstellung, bringt seine Argumente damit selber in Mißkredit. Bezeugt ist denn vielfach,
wie die ersten Zuschauer aus dem Hochadel sich mit ihren Sympathien einäugig auf die Seite der Verschwörer
locken ließen: Guez de Balzac sah in Emilie eine »heilige
und anbetungswürdige Furie«, die »mit sich die ganze
Erde rächen will«; der Prinz Conti urteilte, ergänzend,
die Großmut des Augustus lasse doch jedes Publikum
kalt.
     Doch wie auch Logik, Moral, Sentiment einzelner Sze-
nen noch fürs Vergehende kämpfen, das Stück spielt ganz
auf dem Terrain des Kommenden; und nur wie dessen
Notwendigkeit vergangenes Unrecht in neues Recht wendet, ist Corneilles Thema. Er hat die künstlerisch-politi-

sche Gewalt des Werkes sich abgerungen in einer durchweg spürbaren, bittersten Krise selbstverleugnender Einsicht. ›Cinna‹ ist die erste bedeutende Tragödie der Franzosen, die gut ausgeht. Ihr Tragisches ist laut allen Kommentatoren schwer zu finden. Es liegt nämlich im glücklichen Ausgang. Es ist des Autors eigenste Tragik: daß er eingestehen muß, Unterwerfung unter den Gnädigen sei das (finsterste) Glück für Alle. Er selbst scheint den Tyrannen, der sich fortan Souverän nennen darf, zum Großmutschluß mit zähneknirschend provokanter Demut anzusprechen: »Après cette action vous n'avez rien à craindre: / On *portera le joug* désormais sans se plaindre«.

Die Wunde, die der Abschied von restaurativer Wahrheit in Corneilles Sinn riß, gebar die fortgeschrittene Wirklichkeit seines Stückes. Der Große Condé aber weinte in der Uraufführung beim guten Ende: wohl nicht aus Rührung über die Gnade des Monarchen, sondern aus Ohnmacht, selber kein besseres zu wissen. Als er achtzehn Jahre später von Mazarin begnadigt wurde, war das *sein* Ende als Prinz, Held, Rebell.

IX

PORTRÄT DES SOUVERÄNS (1734). – In der Widmung der ›Clemenza di Tito‹ spricht der Hofdichter seinen Kaiser Karl VI. an: »Glaube nicht, Herr, daß ich in Titus Dich darstellen wollte. Ich sehe freilich, daß Dich jeder in ihm wiedererkennt. Ach verbiete, unbesiegbarer Augustus, wenn Du Dein Bild nicht gespiegelt sehen willst, verbiete den Musen, der Helden zu gedenken.« Schmeichelei wird erst vollständig mit dem skrupulösen Nachweis, daß sie keine ist. –»Der Kaiserliche Poet!« grollte bald Alfieri, »die Paarung der beiden Worte zeugt ein Ungeheuer.«

PORTRÄT DES SOUVERÄNS (1781). – Wie wird daraus wenigstens noch »ein ebenso anziehendes Gemälde, als das Gemälde eines edlen Privatmannes«? Antwort aus josephinischen Landen: »Allerdings interessieren uns Könige nicht als Könige, sondern nur insofern als sie Menschen sind.« Doch: »Ein Monarch, der trotz des Weihrauchdampfs, mit dem die Schmeichelei seinen Thron umzäunt, trotz so vieler Gelegenheiten, die ihn so leicht seine Menschheit vergessen machen können, *immer Mensch* bleibt und *nur als Mensch* erhabner ist als andre Menschen, ja, *so ein Mensch* ist das anziehendste Gemälde, das der Dichter aufstellen kann« (Schink, Dramaturgische Fragmente).

X

STIMMEN UND STATUEN. – Die sieben Parte des ›Idomeneo‹ (1781) sind drei Tenöre, ein Mezzokastrat, zwei Soprane – nur ein Baß: die Unterweltstimme, die keine zwei Minuten singt. In ›Don Giovanni‹ (1787) singen dann vier Bässe, ein Tenor, drei Soprane – kein Kastrat (obzwar Ottavio schwer an dessen Erbe trägt). In kürzester Zeit hat sich ganz verändert, wie Mozart denkt, wenn er eine Bühnenhandlung entwirft – welche Töne er hört von jener inneren Bühne, die, man weiß es aus den Briefen, in seiner Seele fast immer spielbereit stand. – Wir behaupteten, Mozart habe in ›Idomeneo‹ den Stimmenkalkül der Seria ein letztes Mal erfüllt – und dürfen nicht verschweigen, daß Mozart das anders sah. Jenen Kalkül scheint er in der Arbeit so oft bedient wie verflucht zu haben. ›Idomeneo‹ war ihm Wende in Leben und Schaffen: Er stand vorm Ausbruch nach Wien, lagerte im Kopf alle Bauelemente des Tradierten und eine Sprengladung kompositorischer Freiheit. So wuchsen bei den Proben noch die zufälligsten Musikerintrigen, die im Opernmilieu der Zeit jede Uraufführung umrankten, zu paradigmatischer Bedeutung. Weil der Tenor die Schlüsselposition der Seria hielt, steht der Idomeneo-Spieler Anton Raaff in der Mitte dieser Paradigmen.

Man nannte ihn den größten Sänger seiner Zeit, die leider nicht die des ›Idomeneo‹ war. Noch 1792 bestätigte Reichardt dem retirierten Achtundsiebzigjährigen, daß er »in der ganzen europäischen singenden Welt für den ersten Tenoristen galt und immer noch gilt«. Doch hatte Mozart fünfzehn Jahre davor aus Mannheim über den »alten, *vormals so berühmten* Tenoristen« geschrieben: »Wenn ich jetzt nicht wüßte, daß dies *der Raaff* ist, so würde ich mich zusammenbiegen vor Lachen«. Aus Paris im Jahr darauf: »Ich lasse zu, daß es, als er jünger und in seinem Flor war, seinen Effekt wird gemacht haben, daß er wird surpreniert haben – mir gefällts auch, aber mir ists zuviel, mir kommts oft lächerlich vor.« Drei Jahre später 1781 singt der überaltete Herrscher der Bühne, Protagonist von Karl Theodors kurfürstlicher Truppe, den Idomeneo, König von Kreta. Wir wissen nicht, ob es Streit um diese Entscheidung gab, Mozarts Briefwechsel mit dem Münchener Hof ist verloren. Vater und Sohn müssen die gewagte Besetzung mit einem Baß zumindest unter sich diskutiert haben: »wenn ich (die Arie) für Zonca geschrieben hätte...« Mozarts erste Erfahrung in den Proben geht nicht auf den Sänger, sondern den Schauspieler: »Raaff ist *eine Statue.*«

Raaff gelang es während der Uraufführungsproben, ein Ensemble, das Mozart noch komponieren wollte, zu verhindern; auch das begnadete Quartett wollte er nicht singen. Aber: Raaffs Weigerung und Mozarts abgründige Retourkutsche, Ensembles gehörten ohnehin mehr geredet als gesungen – sie bezeugen nicht bloß die zeitlose Dummschläue von Startenören, die es anwidert, ihre Stimme mit denen von Minderbezahlten zu vermengen. Rollentradition und Ausbildung zwangen vielmehr den Seria-Tenor um 1780 in dieselbe Defensive, wie die Zeitläufte den Souverän, den er darstellte. Der greise Virtuose Raaff konnte sowenig die Gemeinsamkeiten in Rhythmus und Intonation bewältigen, die Mozarts Ensembles forderten, wie mancher »clemenza«-Fürst sein Dilemma zwischen Fürstlichkeit und Menschlichkeit. War aber Raaffs Paralyse hier nicht ein Teil seiner Rolle geworden? Ist Idomeneo nicht der Unsouverän im verlängerten Augenblick seiner Ohnmacht: den Sohn opfern müssend, retten wollend – ein unglücklicher Mensch weil Fürst, ein unfähiger Fürst weil Mensch?

Raaff sei »eine Statue«; das Urteil ist von prekärster Zweideutigkeit. Die Helden der Seria waren ja Statuen: In Haltungen repräsentativ erhöhter Leidenschaften und Leiden erhoben sie Blicke, Arme, Stimmen zu den fixsternartig unbewegten Göttern. Selbst ihr virtuoser Wechsel von Affekt zu Affekt hatte nichts mit flexibler Psychologie, mit dialektisch wandelbarem Widerspiel zwischen Person und Situation zu tun. Das Wort »Statue« wird zum Schimpfwort erst nach der Entstehung eines neuen Spielgeists in der situationshaften Ensemblenummer – und im Sängerensemble, nach dem Mozarts Ensemblenummern verlangen. Noch Metastasios Libretti kannten keine Ensembles, bestanden aus Seccorezitativen und Abgangsarien. Mozart bedient Raaff nach Kräften mit Arien, denn er erinnert sich aus Paris: »Was aber die Bravura, die Passagen und Rouladen betrifft, da ist der Raaff Meister« – und muß vor der Premiere doch noch vereinfachen. »Aber was Terzetten und Quartetten anbelangt«, sagt er ihm zornig, »muß man dem Compositeur seinen freien Willen lassen« – und verzichtet auf ein schon entworfenes Ensemble.

Im Tiefsten des ›Idomeneo‹ steckt, nach gewonnenen und verlorenen Kämpfen um Libretto und Vertonung, eine Niederlage. Dennoch hat das »Wunderwerk« (Brahms) heroisches Maß – des Komponisten statt des Protagonisten. Nie wagte Mozart mehr, ist ihm auch oft mehr gelungen. Ja, ›Idomeneo‹ vertritt im Œuvre, das sonst als stetes Gelingen bei allzu traktablem Anspruch wirken mag, den ergreifendsten Protest gegen alle Anpassung an das Machbare, gegen die Idolatrie des rundum Geglückten: ein folgenloser Versuch voll brüchig extremer Erhabenheit. – Mozart muß darunter gelitten haben. Die Aussicht auf eine Wiener Reprise erfüllte ihn schon im Jahr der Uraufführung mit schroffen Revisionsträumen: »Die Rolle des Idomenè hätte ich *ganz geändert* und für Fischer *im Baß geschrieben.*« Wie er lange aus der fertigen Gattung seine neue, so wollte er kurz noch aus dem fertigen Werk sein neues herausmeißeln; der Plan scheiterte. Als er Jahre später, statt aus dem Tenor einen Baß, aus dem Kastraten einen zweiten Tenor machte, diente das nur mehr den Opportunitäten einer einzigen Konzertwiedergabe. Johann Ignaz Ludwig Fischer aber – »sein Fach sind erste komische und zärtliche Väter, auch Karrikaturrollen« (Theater Allmanach 1782; Wien) – sang im Jahr nach jenem Scheitern statt des zweiten Idomenè den ersten Osmin der ›Entführung‹: auch das ein Paradigma.

Die uns vertraute Wendung erhält neuen, triumphalen Sinn, wenn ein Zuschauer am 30. Juli 1782, Graf Sintzendorf, den Darsteller des Osmin mit dem des Belmonte vergleicht: »Fischer joue bien. Adamberger est *une statue.*« Osmin setzt sich als die erste wahrhaft unstatuarische Rolle des Musiktheaters durch: Der Baß hat über den Tenor, der Buffo über den Helden gesiegt. – Mozart konnte die Tat seiner Oper, Verzeitlichung des Menschen (die dessen Subjekthaftigkeit und Dialogfähigkeit zugleich erweckt) erst vollbringen, als er Baß und Baßbariton aus der Truppe der Buffa abwarb. Dort stand der Tenor nicht in der Mitte, und selbst für Haremshüter gab es keine Kastraten. Nicht nur Figaro, auch der Graf, nicht nur Leporello, auch Don Giovanni stammen aus jener Schule der komödiantischen, hochmusikalischen Nichthelden, Nichtvirtuosen. Sie beginnen, führen das große Ensemble-Finale: das Wechselspiel zwischen Unverwechselbaren, in dem da Ponte, der es mitschuf, das Herzstück der Mozartschen Buffa sah.

Was Pygmalion nur einmal gelang, gelingt Mozart fortan jedesmal: Im Opernwerk nach ›Idomeneo‹ gibt es (außer in ›Tito‹) keine Kunstfigur, die nicht kraft seiner Liebe zu ihrer Einzigkeit sich zu regen beginnt, zum Menschen erwacht. *Eine* Ausnahme bestätigt die Regel: dort, wo die Seria mit furchtbarer Erhabenheit nochmals einbricht in die Menschenwelt der Buffa. Der Rächer der Seria an der Buffa, die sie ins Grab stieß, tritt auf als der Steinerne Gast – *eine Statue*.

*

(Über ›La clemenza di Tito‹.) In welchem Maße Mozarts Unsicherheit in der Erfüllung des Seria-Stimmenkalküls bis ›Tito‹ weiterwuchs, ist an einem Streit der Forschung abzulesen, der bis heute unnötig fortdauert. Es geht um nichts weniger als um die Frage, welche Rolle in der Uraufführung – und damit im Kopf des Komponisten – mit welchem Stimmfach besetzt war. Jahn behauptete 1859 aufgrund einer (unbelegten) Besetzungsliste, daß ›Tito‹ keine Kastratenrolle enthielt und also Sesto wie Annio von Frauen gesungen wurden; damit sei »viel für Humanität und Sittlichkeit aber nichts für das Drama gewonnen«. Das Schwanken der Meinungen begann.

Bald entdeckte man, daß eine Sgra., die laut Jahns Liste die Uraufführung sang, in Wahrheit ein Sgre. war. Abert änderte die Geschlechtsangabe, nicht aber die Rollenzuordnungen Jahns – und folgerte aus der eigenen Halblogik, daß die Confidentrolle Annio vom Gast-Kastraten der Prager Guardasoni-Truppe Bedini, während die zentrale Antagonistenrolle zum Tenorpart Tito, Sesto, von der Sopranistin Perini dargestellt worden sei. Erst Westrup tat 1958 das Selbstverständliche: Er bewies aus einem immer schon bekannten Brief Mozarts über die letzte Aufführung in Prag das Gegenteil: »Das Duettchen ex A *von die 2 Mädchens*« (A-Dur-Duett Nr. 7 Annio/Servilia) »wurde wiederholt«. Annio war Sopranistin, Sesto der Kastrat.

Der Irrtum lebt indes ungeniert fort. Sogar dem philologischen Kolossalwerk der Neuen Mozart-Ausgabe passiert, daß Franz Giegling für die Partitur Aberts verschlimmbesserte Liste mit Bedini als Annio übernimmt, während O. E. Deutsch im Bildband das Porträt der Perini mit »Darstellerin des Annio« beschriftet. Geteilt haben sich auch die neuen Apologeten von ›Tito‹. Sie loben einzeln das Meisterwerk – und geben quasi gemeinsam, durch ihren Dissens zu, daß dem Meister dessen Kern gleichgültig war: daß für Mozart das Dreieck Tenor-Kastrat-Sopran 1791 schon alle dramaturgische Funktion, Unverrückbarkeit, verloren hatte.

Die hundertjährige Blamage auch der ehrwürdigsten Forscher, ihr Auge für Jahns Liste, ihre Blindheit für Mozarts Brief wären in der Tat undenkbar, ginge in ›La clemenza di Tito‹ von Mozarts Musik Entschiedenheit fürs Detail, Rechtfertigung für das Ganze aus. Gerade das Gattungsmäßige, seine Behauptung einer in sich vollendeten Welt, muß sich übertragen durch den Stimmenkalkül. Jenes Dreieck legte für die Seria nicht nur ein Klangbild von virtuos-repräsentativem aber substanzarmem Glanz fest: Es ordnete alles um den sonderbaren Barockkonnex zwischen Herrschermacht und Liebespein – als sei er das bühnenwürdigste Thema, die Achse der Welt.

Man bedenke mit aller Vorsicht zwei moderne Analogien. Kraft der baritonalen Vertonung der Wozzeck-Rolle setzte Berg die italianisierende Sicht von Leben und Lieben außer Geltung. Die Wiederentdeckung des hohen Tenors von altertümlich flacher, subjektloser Brillanz reichte schon im Jahr darauf dem ›Oedipus Rex‹ Strawinskys aus, das Ende nachromantisch-expressionistischen Gefühls für die Kreatur, den Anfang eines schicksalsgehärtet-schadenfrohen Neuklassizismus zu verkünden. – Von Osmin über Almaviva bis Fiordiligi erneuerte Mozart Stimm- und damit Gattungscharaktere. Als er seine letzte Seria schrieb, vermochte er nicht mehr – sowenig wie die Gattung für oder gegen ihn –, eine schlüssige Welt zu schaffen: mit Tenören als souverän-unsouveränen Herrschern, mit Kastraten als hitzköpfig-empfindsamen Thronfolgern oder Rebellen, mit Sopranen als angebeteten und verfolgten Schönen.

XI

KUR FÜR DEN UNHEILBAREN. – Jeder gewiefte Theater-
praktiker damals hätte Mozart drei Rezepte geben können, wie man ›Idomeneo‹ zu einer tüchtigen, erfolgrei-
chen Seria macht – der Markt war ja noch vorhanden.
Also: Erstens muß die Rolle Neptuns erfunden, zum guten szenischen und musikalischen Effekt gesteigert werden. Zweitens hat Idomeneo zur Rettung Idamantes, statt
nur zaghaften Betrug an Gott und Gelübde, eine leidend-
heroische Aktion zu unternehmen, die die Fabel be-
herrscht, zusammenhält. Drittens darf Ilias Rettungstat
nicht Episode bleiben; sie soll als Höhe- und Endpunkt
ihres Aufstiegs zum Todesmut, Selbstopfer erglänzen.

Weil aber das wahre Siechtum des ›Idomeneo‹ nicht der
dramaturgischen Stümperei, sondern dem Gattungsun-
tergang entsprang, unterließ es Mozart, am Libretto her-
umzukurieren – und nützte gerade dessen Schwachstel-
len, um Durchbruch zum Neuen zu erproben. So hob er
das Göttliche in Zorn und Segen einer ausdrucksmächtig
gewordenen Natur auf; so wandte er die Passivität, Halb-
heit Idomeneos in Anfänge präzedenzloser Psychologie;
so erfand er für Ilia Töne nicht repräsentativen Heroi-
nentums, sondern subjekthaft spontaner Bewährung – er
machte sie zur Schwester der Pamina statt der Alkestis.
Diese drei Wagnisse geben ›Idomeneo‹ lebendigste Ambivalenz. Sonst wäre er nur Agonie der Barockoper: die
Seria, welche ihre drei Seelen (den Götterglauben, die
Freiheit des Souveräns, das Große Lamento des Untertans) zugleich verloren hat.

XII

FÜRSTÄHNLICHKEIT GOTTES. – Alle Glaubensdekrete seit
320 n. Chr. hätten beginnen sollen mit: »Wir, Gott von
Kaisers Gnaden ...« Als das nach fast anderthalb Jahrtausenden ruchbar wurde, dankte erst der Vasall im Himmel

ab, dann sein Lehensherr auf Erden; seit 1806 gibt es keinen Römischen Kaiser.

XIII

Für György Ligeti

ATMOSPHÈRES. – Keiner bis Debussy hat Luft so komponieren können wie Mozart: etwa den Segen des mild in sich kreisenden Windhauchs, wenn der Sturm aufgehört hat. »Aura soave spira di dolce calma« – Idomeneos Rettung ist ein Wunder, durch Musik zuverlässiger bezeugt als jedes kirchlich kanonisierte. Im Sturmchor davor erpreßt Tobsucht der Elemente unzivilisiertes, schmerzherausschreiendes Leiden; die Menschheit selbst stürzt in Gesetzlosigkeit zurück, ins urtümlich wilde Chaos ihres Anfangs. – Nicht nur fallen der Natur in ›Idomeneo‹, als sei sie Subjekt in eigenem Recht, Ausdrucksgesten von Raserei wie Innigkeit zu; ihr Ausdruck wiederum reicht tief in die Menschen, deren Unglück nur als Sturmmusik, Glück nur als Windhauchmusik sich ganz aussprechen kann. So wird Ilias befreiendes Bekenntnisrezitativ an Idamante nicht von Liebesaffekt-, sondern von »zefiretto«-Tönen begleitet; so ist Idomeneos inständigstes Gebet an den Meeres- und Sturmgott Neptun kein Lamento, kein barockes Flehen, sondern ein gleichsam utopisches Gemälde der Heilung der Welt durch sanfte, besänftigte Lüfte: »Torni Zeffiro al mar, cessi il furor!« Wie fern ist solche Naturmusik den Dialogen allegorischer Winde, die Monteverdi einst zu vertonen sich scheute.

Dennoch hat Naturschilderung mächtigste Tradition im Barock: Schink spottet über die vielen Schiffswracks, mit denen Metastasios einst fruchtbare Liebe zu Seestürmen noch um 1780 die deutschen Bühnen vollsäte. Merklich und merkwürdig wird die Luftmusik in ›Idomeneo‹ eben darum, weil sie dem Barock gerade erst und nicht ganz entwachsen ist: weil sie uns dessen kontrastierende Ausdruckstypen unausgesetzt messen läßt an der kom-

menden Einheit der Form, für die sich das komponieren-
de Subjekt verbürgen wird. Hörbar wird so in Orchester
und Gesang die ungeheure Bruchstelle, aus der die Subjektivierung von Natur *und* Menschen soeben stürmend
und drängend hervorbricht. – Solcher zweifachen Beseel-
lung der Welt dient Mozarts Entdeckung der Holzbläser:
zugleich Natur- und Menschenglücksinterpreten, Wind-
und Ateminstrumente. Das Orchester erhöht fortan nicht
bloß (wie noch bis in die Accompagnati des ›Don Giovanni‹, ja des ›Così fan tutte‹) die Affekte der Bühnenan-
tagonisten – sondern stiftet die gemeinsame Luft, Atmosphäre, die sie umgibt. Das Ensemble als einheitliches,
einendes Medium der drei großen italienischen Buffe
kann erst nach und dank ›Idomeneo‹ all die Tiraden ge-
geneinandergeführter Seria-Helden ablösen.

Die Realität, eine völlig neue, der Mozart-Figuren ist
hier für die Zukunft erobert. Sie werden, außer bei
schwächster Dramaturgie, einander nicht mehr verlieren,
da *eine* in sich lebendige Welt sie aneinanderbindet. Das
heißt auch, daß ihre Verhältnisse nicht mehr im Pathosge-
füge der Seria aufgehen, das nur von repräsentativen
Spannungen unter erhöhten Menschen (und personalen
Göttern) geschaffen wird: ein Dialog zwischen den we-
senhaften Positionen von Leben und Leiden. Ihre Positionen in sich und zueinander ändern sich nun in jeder
Sekunde; Zeit entsteht auf der Opernbühne zugleich mit
Atmosphäre.

Weiteres wäre über die Nacht im zweiten Finale des
›Figaro‹ zu sagen, welche aus den Menschen singt, die tief
in sie hinabgetaucht sind; anderes wieder über das ›Don
Giovanni‹-Sextett mit seinem buffonesk-tragisch blinden
Gestolper im Dunkel und dann, beim Auftritt von Anna
und Ottavio, mit dem hoheitsvoll aufleuchtenden Fackel-
und Leidensglanz. Und wieder anderes über das Neue im
Terzettino von ›Così fan tutte‹: wo der Wellenschlag des
Meeres sich verwechselt mit dem innersten Zeitstrom der
Seele, wie dann erst in der Lyrik eines Brentano, eines
Eichendorff. Seit ›Idomeneo‹ wird Natur nicht mehr

geschildert. Sie wird auf der Bühne gelebt; erlebt in Logen und Parterre.

XIV

DER »RISS«. – Corneilles Griff nach politischer Wirklichkeit nimmt sich eine dramaturgische Technik zur Hilfe: den Sympathiewechsel nach dem ersten Akt – nicht weniger abrupt und berühmt als der Sympathiewechsel im ersten Finale der ›Zauberflöte‹. Hier wie dort: Verlassen, ja betrogen wird das sorgsam aufgebaute Mitgefühl des Zuschauers mit den Verschwörern. Voltaire sagt: »Il est important de faire voir que, dans ce premier acte, Cinna et Emilie s'emparent de tout l'intérêt. On tremble qu'ils ne soient découverts. Vous verrez qu'ensuite *cet intérêt change,* et vous jugerez si c'est un défaut ou non.« »Intérêt« heißt hier mit Emphase – wie dann für die gesamte Theorie des bürgerlichen Dramas – nicht etwa »Interesse«, sondern Mitgefühl, Einfühlung, ja Identifikation. Daß es um Wechsel der Identifikation, das heißt um Änderung der politischen *Parteinahme* des Zuschauers geht, macht Voltaire unverzüglich klar: Cinna werde zum Kaiser zitiert – Schluß des I. Aktes – in einem Augenblick, »lorsqu'il a inspiré tant d'horreur contre les cruautés d'Auguste, lorsqu'on ne désire que la mort de ce triumvir, *lorsque chaque spectateur semble devenir lui-même un des conjurés...*« Der Souverän tritt auf; und sofort hat er nicht nur die Macht, sondern auch das Recht auf seiner Seite, ja, das Mit-Gefühl.

Die Analogie zum Riß der ›Zauberflöte‹ könnte kaum vollständiger ausfallen. Deshalb prägt sich der Unterschied um so schärfer aus: einerseits die atemberaubende politische Objektivität, die Corneille dieser Wandlung und Verdoppelung der Parteinahme abgewinnt – andrerseits die Aufhebung aller politischen Objektivität durch die wunderbar erleichternde Parteinahme Mozart/Schikaneders für den Übersouverän Menschheit. Der Riß der

›Zauberflöte‹ markiert die Stelle, an der Komponist und Librettist ausbrechen aus dem Konflikt in die Utopie.

XV

Für Reinhart Koselleck

DER FEIND WIRD ANNULLIERT. – Alle Politik beginnt damit, die Wirklichkeit des Gegners in Kauf zu nehmen, seine relative Berechtigung anzuerkennen. ›Die Zauberflöte‹ ist eine Exempelsammlung aufklärerischen Unsinns von Politik und Sinns für Unpolitik. Der Schluß schafft deren wahre Summa: »Die Strahlen der Sonne vertreiben die Nacht, / Zernichten der Heuchler erschlichene Macht.« Wie der Glaube des Gegners nicht einmal als Irr- oder Aberglaube anerkannt, seine Substanz als die Substanzlosigkeit schlechthin, »Heuchelei«, denunziert wird – so wird ihm als Emblem, Brandmarke die Nacht aufgestempelt: ein Nichts, die bloße Abwesenheit des Lichtes. Die Revolution verstand sich vor ihrem Beginn, ja in den ersten Monaten ihres Fortgangs nach dem Muster der Vertreibung der Nacht: Da der Gegner gleichsam nicht existierte, ein Nichts war, würde er gewaltlos, blutlos sich beseitigen lassen, sich von selbst beseitigen. Die Revolution ist die Vernichtung des Nichts – darum bucht sie Nichts als Verlust, Alles als Gewinn.

In Knigges Geheimbundroman ›Geschichte Ludwigs von Seelberg‹ (1787) ist von einem Licht-Orden die Rede, der »die sichersten Mittel in Händen« hat, »*ohne Gewalt, ohne Gefahr* alles zu dem großen Zwecke zu lenken, Freiheit und Wahrheit wieder auf der Erde herrschen zu machen«. Die Mitglieder des Ordens haben »in der Stille sehr viel getan, Revolutionen bewirkt, die man anderen Ursachen zuschrieb«. 1789, ein halbes Jahr nach dem Bastille-Sturz, bekommt das Gleichnis einen weniger gewaltfreien Ton in Wielands Ordensroman ›Peregrinus Proteus‹. »Das Licht ist mitten aus der Finsternis hervorgebrochen, das Reich der Dämonen und ihrer Diener naht sich einem schrecklichen Ende. Schon ist die Stadt Gottes herabgestiegen..., die Völker der Erde werden sich zu ihr versammeln, und jeder ihrer Strahlen wird ein Blitz sein, der die Feinde des Lichts verzehren wird.« Das Geschichts- als Naturschauspiel hat begonnen, in dem die Königin der Nacht und ihre Damen schließlich – man schreibt 1791 – in »Donner, Blitz, Sturm« klagend zum denunziationsträchtigen Reim untergehen: »Zerschmettert, zernichtet ist unsere Macht, / Wir alle gestürzet in ewige Nacht.«

Im Licht-Finsternis-Gleichnis steckt die Antwort auf das Lieblingsrätsel aller aufgeklärter Kritiker der ›Zauberflöte‹ heute, die es wenig kümmert, was Aufklärung war. Sie fragen, wie Sarastro dazu komme, Verzeihung zu predigen – und als erste Herrschertat dem Monostatos »siebenundsiebzig Sohlenstreich« zuzuteilen. Sähe die Kritik in dem Vorfall mehr als eine Chance für sich, Verbalverbrüderung mit Sklaven und Schwarzen zu üben, so könnte sie ihr Rätsel bedeutsam vertiefen. Zu fragen wäre: Wieso folgt *der* programmatischen Tat des Singspiels, der Begnadigung der Königin vor und im Hallenmanifest, doch noch ihre Höllenfahrt? Die Unlogik führt hier zum Kern revolutionärer Aufklärungslogik: Der Feind, der nachtschwarze, ist nicht; also darf er geprügelt, verdammt, annulliert werden. Vergebung gilt nur Menschen, nicht Unmenschen, darum nur innerhalb der eigenen Partei: »Wen solche Lehren nicht erfreun, / Verdienet nicht, ein Mensch zu sein.« Die Terreur zeigte, daß Abspaltung von der Partei (Erbin des Licht-Ordens) stets Ausstoßung in das Nichts heißt. Der Tod auf der Guillotine war nicht einmal Folge, sondern bloß Beleg solch virtuell schon vollzogener, selbstvollzogener Vernichtung.

NB. Denken vor einem Bürgerkrieg läßt sich vielleicht nur mit Hilfe der Physiologie der Aggression verstehen: als Überflutung der Gehirne mit einem Wirkstoff innerer Sekretion, der, kurz bevor der Kampf beginnt, die Fremdwahrnehmung in einem Rausch der Selbststeigerung löscht. Solcher Umschlag mentaler Chemie, ob an Kampffischen oder Menschen beobachtet, läßt den Feind zum Feindbild verblassen, seine Wirklichkeit schrumpfen zu einer bloßen Funktion des eigenen Hassens und Wütens, das der Angriff braucht.

XVI

PAMINAS DREI TODE [1, 2]. – Wie Musik und Text der ›Zauberflöte‹ einander bekräftigen, deuten, widerlegen, mag aus der Erfahrung eines Kindes erhellen, dessen schwärmerisch-triviale Phantasie die des ›Zauberflöte‹-Librettisten zugleich verleugnete und überbot. Als es zwölfjährig das Singspiel zum erstenmal hörte, verliebte es sich sofort in den Papageno/Pamina-Wortwechsel: »Was werden wir nun sprechen?« »Die Wahrheit, die Wahrheit, und sei sie auch Verbrechen.« Daß man die Wahrheit sage, war hier kein mieses, von Eltern und Lehrern erpreßtes Muß, sondern klang nach freiem, beglückendem Darf: nicht Zwang, sich zu verraten, sondern Hilfe, zu sich selbst zu stehen. Nur, das Kind verballhornte die Worte: Es hätte schwören können, daß das wunderbare Mädchen, Reim hin oder her, so gesungen hatte damals im Licht: »Die Wahrheit, die Wahrheit, *und sei sie auch der Tod.*« Das blieb seine Lieblingsstelle, auch als sein Irrtum längst berichtigt war. – Erst viele Jahre später fiel ihm ein, daß vielleicht nicht er, sondern Schikaneder sich da zwischen »Verbrechen« und »Tod« vergriffen hatte. War dem Mozart-Verzauberten der falsche, wahrere Wortlaut gar von der Musik eingeflüstert worden?

Mozarts Würde der Bewährung wohnt im Grenzland beim Tod. Pamina beweist vor Sarastro, auch in den Prüfungen des Schlusses, Bereitschaft zum Tod: nicht »Todesverachtung«. Wie sollte auch ein Geschöpf Mozarts den Tod verachten – den er (in einem Brief an den Vater) den »Schlüssel zu unserer wahren Glückseligkeit« nannte? Mozart schreibt, Pamina singt jedoch nicht vom Glück im Jenseits. Sie beide erfahren, bejahen die Präsenz des Todes hier und jetzt: als Schloß und Schlüssel, Hürde und Hilfe extremer Bewährung. Der Ton der Mädchen Ilia, Konstanze, Pamina redet vom Tod (wie jener Brief) als dem »wahren, besten Freunde des Menschen«. Ihre eigene Wahrheit, die sie am Rand des Todes finden, gibt dem Duktus ihres Soprans unverwechselbare Zartheit wie Stärke. – Die Tode aber, die Pamina durchschreiten muß, um der Wahrheit ihres Lebens mächtig zu werden, abstrahieren sich nicht zu lehrhaften »Stufen«, auch zu keinen »Strecken« eines prästabilierten Passionswegs oder Siegeszugs. Sie sind Erfahrungen: Antrieb der *ersten Erfahrung* ist das fraglose, primäre Gefühl eines Rechts auf Leben und Liebe, das dem Tode, nein, dem Lebensfeindlichen in einer allzu rechtlichen Welt, trotzt.

»Die Wahrheit, die Wahrheit, *und sei sie auch* Verbrechen«: Verbrechen heißt hier nicht böse, menschen- oder götterverletzende Missetat, sondern das innerste, isolierte Recht, *Trotz,* des sich fühlenden Ich, auf den in den Gesetzen dieser Welt Strafe steht. Der (mit Hegel zu reden) Positivität der äußeren Satzung widersetzt sich die Negativität seelischer, beseelter Selbstgewißheit: als Gesang, über Akkordschlägen triumphale C-Dur-Kadenz. Auf »Verbrechen« mag der Tod stehen, was tut's: Tod steht ja wohl auch auf die unwiderlegliche Liebe, die Pamina und Tamino zum erstenmal sich sehen, erkennen, mit fliegend jugendrascher Trotz- und Widerstandswendung umarmen läßt, »Es schlingt mein Arm sich um ihn her, / *Und wenn es auch* mein Ende wär«. So ist der Tod, dem Mädchen näher als die Schergen, die sie packen, Helfer statt Feind ihres Widerstands. – Mattigkeit zum Tod löst sorglosen Todestrotz in Paminas *zweiter Erfahrung* ab: »So wird Ruh' im Tode sein«. In der g-Moll-Arie steigt die Stimme jedesmal nur zu Schmerzzacken und -spitzen hoch, um dann wieder in die Höhlen des Inwendigen zu sinken, aus denen alle Gewißheit, Gefühl des ichverbürgten Rechts geschwunden ist. Hoffnungsloser noch tönt

(da ohne Halt und sei's am eigenen Schmerz) die melodi-
sche Eile im Abschiedsterzett: »Du wirst dem Tode nicht
entgehen«. Das Leben rinnt Pamina, ihres wie des Gelieb-
ten, in der rastlosen Achtel-Begleitung fort. Der einzige
Punkt, letzter Halt hieße Selbstmord: »Sterben will ich«.

Mozart hatte wenig Zeit, als er ›Die Zauberflöte‹
schrieb: nur Wochen zum Komponieren, Monate zum
Leben. Sein Spätstil schafft stetig fließende Bewegtheit
voller melodischer Gestalten, die auseinander hervorge-
hen, ineinander untergehen – doch ohne thematische
Kontraste, die dem Fortgang Halt gäben, Einhalt gebö-
ten. Daß die Musik, die alle Unruhe überstanden hat,
dennoch keine Zeit hat zum Verweilen, verkehrt sonder-
bar das Zeitgefühl ihres Hörers: Vom holden Gleiten der
Töne allzu bald zum Ende geführt, erlebt er das Musik-
stück immer wie im Rückblick, voll seligen Bedauerns,
daß es vorbeigeht, nein, schon ganz vergangen ist. So
sehnt sich die »in einem ungestörten Fluß ohne bestimmt
abgeschlossene Motive« (Jahn) vorüberziehende Melodik
der Pamina-Arie in jedem Moment nach ihrer gerade ent-
wichenen Phrase und läßt die Erinnerung dem Schmerz
noch Glück abgewinnen. – Nostalgie der absatzlosen
Dichte und Kürze kündigt sich früher schon in ›Così fan
tutte‹ an, im Wellengemurmel des Terzettino, in vielen
sanft gedeckten Übergängen zwischen Rezitativ und
Nummer und Rezitativ. Sie schon sind in die Komödie
eingesenkte Embleme wehmütigen, doch klaglosen Ver-
gehens.

Wie die beiden Abschiedsterzette, so helfen auch die
Momente von Abschied in Mozarts symphonischer Musik, zumal den Instrumentalkonzerten, die Nachricht seiner späten Sprache zu entziffern. Bereits seit den Klavier-
konzerten des Jahres 1784 enden die langsamen Sätze mit
immer sublimeren Geschenken des Lebewohls. Ihre Co-
das lassen meist eine neue, zum Überfluß ersonnene Melodie aufsteigen – und sie dann in nochmals, letztmals
neuem Licht, dem tröstlich dämmernden eines »Verweile
nicht, du warst so schön«, sich als pure Kadenz, Harmo-

niefolge des Scheidens zu erkennen geben.[*] Im Spätstil der Kürze jedoch fassen sich auch solche Abschied-Schlüsse oft kürzer, schweigsamer. Wo Musik insgesamt Abschied wird, darf keine Schwelle vorm Ende den Hörer vorwarnen: ihm Zeit geben, sich zu trennen. Darum wird jener letzte Gestus zusammengedrängt, vereinfacht, fast weggelassen. Die Coda der g-Moll-Arie mißt nur vier Orchestertakte. Die wunde Frage des verminderten Septakkords von »Fühlst du nicht der Liebe Sehnen« jetzt erst auflösend in Verzweiflung, Ermattung, bestätigt sie die Antwort, mit der Paminas Stimme soeben verstummt ist: »– so wird Ruh' im Tode sein«. Das Orchester neigt den Kopf: Amen.

Nach Paminas sistiertem Selbstmord bringt ›Die Zauberflöte‹ (bei allem Meiden der Einschnitte innerhalb der Nummern) einen scharfen Einschnitt. Mozart nimmt die Rettung des Mädchens durch die Drei Knaben nicht ganz ernst: das Kinderglück des Vier-Soprane-Quartetts kann noch nicht alles gewesen sein. Mit dem figurierten Choral brechen Ernst und Schrecken, finster karge Objektivität des Todes herein. Von der *dritten Erfahrung* Paminas, die vor den Schreckenspforten beginnt, wollen wir bald reden: davon, wie ihr Todesangebot die obere Gewährung von Leben und Liebe herausfordert, herbeibefiehlt – wie die zu Rettende zur Retterin wird.

---

[*] Wie solche Stücke vom Hörenden sich »entfernen«, liest sich am immer knapper dauernden Aufleuchten ihrer Melodiepartikel der Coda ab: So singt das A-Dur-Konzert KV 488 seinen Mittelsatz in der Degression von 4 + 4, 2 + 2, 2 Takten zuende; ähnlich das d-Moll KV 466 in 4 + 4, 2 + 2, 2(= 1 + 1) + 2 (= 1 + 1); das Es-Dur KV 482 in 8 + 8, 4 + 4, 4; das c-Moll KV 491 in 4 + 4, 2, 1.

XVII

Für Botho Strauß

Mozart / Schikaneder. – Theatergenie besteht notgedrungen großenteils darin, den Genius anderer zu spüren, freizusetzen, zu benützen. Mozart hatte es wie kein anderer. Mußte er Sarastros Hoheit und Wehmut, Taminos Gläubigkeit, Paminas Beseelung erst durch Musik erfinden, den Worten ablisten – so wußte er genau, wo er Schikaneder ganz trauen, nahe bleiben durfte: in Glanz und Innigkeit des herzerwärmenden Jammers, mit denen der Vorstadtpoet Papageno und Monostatos begabte. »Komik« sagt sich leicht – *diese* hat es vor der ›Zauberflöte‹ nicht gegeben, auch bei Mozart nicht. Der Genius, den Mozart im tüchtigen Theaterdirektor und Trinkkumpan entdeckte, hieß *»Sympathie«*, nicht umsonst wirkt das Fremdwort geradezu wie eine Explosion von Richtigkeit im Duett Papageno/Pamina, wo es unvermittelt in den deutschen Einfaltstext gerät. Sympathie ist Liebe ohne Besitzgier und Verblendung, Liebe, die ihren Gegenstand nicht zu schminken, zu veredeln braucht, kurz: Liebe Gottes zu den Leidenden und Liebe des Komikers zu seiner Bühnenfigur. Komiker war Mozart so gut wie Schikaneder; als Männer, welche Liebe fühlten, konnten sie einander den Papageno, den Monostatos vorspielen. Daß »wahres Genie« weder Verstand noch Imagination, sondern Liebe sei, hat Mozart 1787 vom Freund Jacquin sich ins Stammbuch schreiben lassen, jetzt erst ganz eingelöst.

Über der wundersamen Arie des Monostatos flimmert, glitzert ein Sommernachts-Mondlicht, silbern wie der Flötenton im höchsten Register. Mondzauber und -heimlichkeit haben die Zunge des Sklaven und Bösewichts gelöst: Jedes Wort (nicht nur Ton) seiner Strophen klingt voll drolliger Poesie, wahrer als die Priesterhymnen. »Alles fühlt der Liebe Freuden,/ Schnäbelt, tändelt, herzet, küßt,/ Und ich soll die Liebe meiden,/ Weil ein Schwarzer häßlich ist!« Die Antwort: »Drum so will ich, *weil ich lebe,/* Schnäbeln, küssen, zärtlich sein!/ Lieber, guter Mond vergebe,/ Eine Weiße nahm mich ein!« Im »Weiß ist schön!« Schikaneders, das folgt, steckt mehr Fühlen mit dem Unterdrückten als im »Black is beautiful« des Malcolm X. Der Anruf der Himmelsgöttin endlich, die alles Schwarze gnädig überglänzt, entläßt den magischen Augenblick mit einer Geste, die zarter kaum sein könnte: »Weiß ist schön, ich muß es küssen./ Mond! verstecke dich dazu!/ Sollt' es dich zu sehr verdrießen,/ O so mach die Augen zu.« Es ist die Geste der *Schonung,* die Schikaneder und Mozart den elend mißhandelten Trieben des Negers zuteil werden lassen. Sie wühlen nicht in Begierde, Brutalität, Selbsthaß seines Anschlags auf Pamina. Die Allegro-Kürze, pianissimo-Eile der Arie bekommt (über ihr Traumhaftes, Groteskes, Geheimes hinaus) einen letzten, ergreifendsten Sinn: Herzensdiskretion. »Das haben wir gesagt«, bescheiden uns Poet und Komponist nach der Wunderminute, »und mehr ist dazu nicht zu sagen. Ihr Zuschauer, Ihr Lästigen! nun seht, nun hört über den Rest hinweg!« O so macht die Augen zu.

Papagenos Szene mit Baum und Strick profitiert vom nichtssagenden Suizidversuch Paminas, der ihr voranging: Sie kommt, unerwartet, als das Tiefste und Leichteste daher, das je über Selbstmord gewußt worden ist. Was für ein Abschied vom Universum: »Weil du böse an mir handelst, / Mir kein schönes Kind zubandelst, / So ist's aus, so sterbe ich.« Das Weltschmollen des Vogelfängers, sein Beschluß, die Mädchen dieser Erde, die sich ihm entzogen, durch Selbstentzug zu strafen, kommt aus dem Kern alles Suizids. Doch dessen oft so gepreßtes, schiefes Ursyndrom, Umfälschen von Lebensgier in Lebensverachtung, Prahlen mit Überwindung und Schielen nach dem Effekt – all das läutert Papageno zu Tönen kindlicharglosen Ichtriebs, der seine Todeseitelkeit ausplaudert (»Schöne Mädchen, denkt an mich!«), statt in Lüge hüllt. Wieder lassen Mozart/Schikaneder Caritas, himmlische Liebe, im Gewand der Schonung niederschweben: die herzzerreißende Würde schaffend, mit der ihr Schützling den Vorhang zuzieht über ein leider mißlungenes Unternehmen, sein Leben. »Weil mich nichts zurücke hält, / Gute Nacht, du falsche Welt!« Die g-Moll-Melodie der Ergebung setzt allen Vorwürfen und Selbstvorwürfen ein Ende, sie will keine Diskussion mehr über Schuldfragen – und läßt sich vom Wort doch noch um ein Gran komischen Widerspruchs bereichern, um die letzte Rechthaberei des Lebensfunkens: »du *falsche* Welt«.

Schikaneders Sympathie mit dem komischen Gesellen der Volksposse half Mozart, »Würde« in die Reihe seiner großen Säkularisierungen zu ziehen. Wie sich Gnade ihm zu Verzeihung, Heroentat zu Bewährung wandelte, so rettete er barocke Erhabenheit in humane, leibhafte Würde. Sie steht nicht nur Göttern und Fürsten, sondern *dem* Menschen, da doch gerade dem einfachsten, zu. An Papageno lernte Ehrfurcht vor Menschenwürde ledig sein aller Bindung an Amt, Macht, Privileg – befreit nicht mit Kanonen oder der Guillotine, sondern durch die Faxen eines Komikers am 30. September 1791 im Freihaustheater vorm Stubentor zu Wien.

XVIII

TAMINO. – Er spricht sein menschlichstes Wort, *bevor* er die Menschheits- und Weisheitspriester trifft. »Paminen retten, ist mir Pflicht.« Was für Weisheit braucht er noch, der so viel weiß?

Paminas dritter Tod
oder: Das gute Ende

I. Drei Retterinnen

»Mozarts größtes Werk bleibt ›Die Zauberflöte‹«, sagte Beethoven. Das Textbuch erfüllte sein Postulat platt-hehrer Unbedingtheit: »Es muß etwas Sittliches, Erhebendes sein.« ›Die Zauberflöte‹ verhieß ihm ›Fidelio‹. Die Menschheit, von der dort erstmals fabuliert wurde, liegt hier leibhaft, ein unerkannter Gefangener, vor Leonores Füßen; seine Ohnmacht in engstem Verlies fordert von ihr Durchbruch ins Universale. Leonores Privatdrang, dem Gatten zu helfen, wird vom kategorischen Imperativ hochgerissen, weltumschlingend geweitet: »*Wer du auch seist*, ich will dich retten«. – In der kantisch-beethovenschen Subjektivierung des Menschheitsgebots scheint zwar das Öffentliche, Parteibildende, Agitatorische der ›Zauberflöte‹-Trennung Mensch/Unmensch untergegangen; nicht die Strahlen ordenseigener Sonne vertreiben die Kerkernacht. Licht kommt allein vom jähen Blitzsprung der Idee, der in Leonores Entschluß »Du« und »Ich«, die auf sich gestellten Einzelnen kurzschließt mit dem höchsten Allgemeinen. Solidarität des Ich mit jedem, der leidet, schafft aber einen neuen Riß durch die Welt: Gegen Pizarros Tyrannenwüten stemmt sich Leonores Hoffnungsvision mit gleicher Symbolschroffheit (d-Moll/E-Dur), wie das Vergebungslied Sarastros gegen die Rachearie der Königin. Institutionelle Macht erscheint nun erst recht als finstere Verschwörung, Verschwörung gegen sie als strahlend künftige Rettung. Die manichäische Selbstgerechtigkeit der ›Zauberflöte‹ wird von ›Fidelio‹ nicht befriedet, vielmehr zur Prozeßordnung eines Jüngsten Gerichts über das Wirkliche verschärft, dessen Kläger *und* Richter das Subjekt sein wird. – Herrlich ist jedoch Rettung selbst an Pathos wie Konkretion gewachsen, seit sie nicht mehr im Wissensmonopol der Eingeweihten, im Machtanspruch der Erzieher des Menschengeschlechts wohnt, sondern in der Gewißheit des Herzens, das Nein zum Unrecht sagt. Ihre Tat heißt Widerstand. Auch solchen Absprung von der ›Zauberflöte‹ fand Beethoven in der ›Zauberflöte‹ vorfiguriert.

Rettung der Geraubten durch den Beraubten, der Gattin durch den Gatten aus der Unterwelt ist die älteste Fabel und Idee der Oper. Das Orpheus-Schema hat Mozart scheinbar unbefragt für seine Singspiel-Libretti übernommen: Belmonte soll Konstanze, Tamino Pamina aus der Gefangenschaft entführen. Doch als das Orpheus-Wort kindergereimt an den Schreckenspforten erklingt, »Wir wandeln durch des Tones Macht / Froh durch des Todes düstre Nacht«, führt nicht mehr Tamino, sondern Pamina das Duett wie den Bewährungsgang. Gegenläufig zur offiziösen Fabel von der Initiation des Mannes, von der Befreiung der Frau durch den Mann, setzt sich eine neue, geheime Handlung durch: Die zu Rettende wird Retterin. Beethovens Widerstandsdrama spricht das Geheimnis von Mozarts Prüfungsmärchen aus – und verändert damit das Grundmuster der Oper. Die Heldenfigur des ›Fidelio‹, der nach Beethovens Willen ›Leonore‹ hieße, ist Frau, nicht Mann. Von Spontaneität statt höherer Weisheit und Weisung gelenkt, strebt sie Pamina, nicht Tamino nach. – Leonore rühmt Pamina nicht sowohl mit Texten und Taten als mit ihrer Stimme. Deren Duktus ist voll strömenden *Atems,* der die Frau, Seele und Körper in einem, ganz gegenwärtig macht. Der Atem der Frauenstimme im Raum der Gefahr gibt uns die einzige, wehrlos kühne Versicherung, daß das gute Ende möglich sei: daß Gewährung sich endlich neigen werde über alle Qualen und Zweifel der Bewährung. Leonores Duktus aber führt, mit Ungeduld, Exaltation ins Künftige, Paminas große rezitativische Bögen fort, jene frühen Parusien des Subjekts im ersten ›Zauberflöte‹-Finale: die Selbstfindung von »Die Wahrheit, und sei sie auch Verbrechen«, das Todesangebot von »Herr, ich bin zwar Verbrecherin«. *Selbstfindung* und *Todesangebot* tragen den neuen Gesang, die neue Handlung. Sie wenden die Krise: vereint zu einem neuen, subjektvollzogenen *Ritual der Rettung.*

Paminas Hinfinden zur eigenen Wahrheit und Paminas Gang durch die drei Tode verflechten sich durch das ganze Singspiel. Sie beginnen zusammen in jenen Bögen des ersten Finales, sie enden zusammen im zweiten: da nach des Jünglings Anruf, »Hier sind die Schreckenspforten, / Die Not und Tod mir dräun«, die Stimme des Mädchens über dem Dominantseptakkord kreisend, suchend niederschwebt, dann fest zum letzten Durchgang ausschreitet, »Ich werde aller Orten / An deiner Seite sein. / – *Ich selbsten führe dich ...*«. Dem Trotz kraft des Todes, der Mattigkeit zum Tod folgt Paminas drittes, letztes Treffen mit dem »wahren, besten Freunde des Menschen«. Nun sie ihm, zum Opfer ihrer selbst gerüstet, vertraut-gefaßt entgegentritt, gibt er mirakulöses Zeugnis, statt fürs Vergehen, für das Bestehen des zu sich entschlossenen Selbst. – Paminas Ritus des letzten »passage« wäre schwer zu enträtseln ob der Einfalt ihrer Worte, der Jugendbefangenheit ihres Sinns, der Transparenz ihres Gesangs – käme ihr nicht neben der Nachfolgerin Leonore auch die Vorgängerin Iphigenie zu Hilfe: diese mit der anmutig-geistigen Gabe für Entfaltung in Sprache, wie jene mit der expressiven Macht der Verdichtung, Materialisierung in Musik. Erst die Trias Iphigenie/Pamina/Leonore (zusammengefunden in der dreimaligen Verschmelzung von Selbstfindung/Wahrheitsbekenntnis als Todesangebot) stellt die Frau als Retterin sichtbar in die Mitte der deutschen Klassik – die ahnte, daß Freiheit des Menschen Trug bleiben muß, meinte sie zwar den Menschen als Subjekt, das Subjekt aber als Mann. Frauengestalten nur konnten Goethe, Mozart, Beethoven das Eingeständnis lehren, schenken, daß Autonomie nicht den Heros, sondern einzig das schwächste Geschöpf sich zum Anfang und Anhalt wählen darf: daß Selbstbestimmung nicht das Ausschließende, sondern die Hohlform der Rettung ist.

Der Bezug zwischen ›Iphigenie auf Tauris‹ und ›Fidelio‹ steckt gleichwohl voller Verstörung: untrennbar von allen Welt- und Sinneinstürzen 1787–1806, die Goethes Endfassung von Beethovens Urfassung trennten. Das Bühnengedicht arbeitete seinen Diskurs zu Gleichmaß in Schönheit, »durchgehender Harmonie« durch, bis er wie Musik zu tönen begann – damit sie ihm Dämonen noch wirr klaffender Vorzeit zähmte. Das Musikdrama ballt hingegen das einzelne Wort zur Wesenheit, läßt »Freiheit«, »Gattenliebe«, »Hoffnung« als Dämonen heranwallen, stürmen – damit sie ihm Stollen in eine schon wiedererstarrte Zukunft brechen. In vollendeter Paradoxie hat so Beethovens Gewalttat die Utopie, Goethes Versöhnungstat aber den Mythos zum herrschenden Sachgehalt. – Die antike Iphigenie-Figur war, wie keine andere der Tragödie, an den Blutdurst der Götter, den Zwang des Menschenopfers gekettet – und nahm, wie keine andere, die Geburt des Subjekts aus der Einheit von Selbstfindung und Todesangebot und Rettung voraus. Euripides erinnerte an der Aulischen Iphigenie, Heldin seines letzten Dramas, den frühesten Sprung zur Humanität – Substitution: Tieropfer ersetzt fortan die Schlachtung von Menschen auf dem Götzenaltar. Schon Euripides' Neugier galt aber weniger dem Erbarmen der Artemis als seiner Auslösung durch Iphigenie – erstem Vorexperiment im vertrackten Zusammenknoten von Autonomie und Gnade. Der Überkluge wußte: Substitution allein käme leicht in den Geruch eines Betrugs an den Göttern; zu sehr ähnelt sie dem Trick des Odysseus, durch Vertauschung von Mann und Widder sich Flucht aus der Höhle des menschenverschlingenden Mythos zu erlisten. Wert wird Iphigenie ihrer Errettung, als sie nicht mehr auf Flucht sinnt, sondern auf Selbstopfer: »Sterben ist mein Teil, *so nehm ich / Selber diesen Tod auf mich,* / Und

mich nennen alle Zungen / *Griechenlands Befreierin.*«
Nun erst reißt die Göttin das Mädchen, nach dessen Blut
sie gierte, fort vom Opferaltar in die schützende Ferne
von Tauris.

Es geht um das gute Ende. Dessen süchtig machender
Wirkstoff ist (bis ins Boulevardstück und Kommerzkino)
wohl weniger Glaube an reales Glück als Hoffen auf
Unterlassung von Menschenopfer. Euripides' Vorgänger
kannten das gute Ende – er *wollte* es: der erste Moderne.
Seinen Deus ex machina hat Nietzsche wütend als Vor-
entwurf einer untragischen Welt, Werbung schon für allen platt-rationalen Optimismus der Neuesten Zeit angeprangert. Dem scheint die »Poetik« zu widersprechen:
Die Zeitgenossen, berichtet Aristoteles verblüffend,
schmähten den Euripides, weil er die Schicksale seiner
Helden fast nie vom Unglück ins Glück, fast immer vom
Glück ins Unglück umschlagen ließ. Beides ist wahr. Euripides brauchte die tiefste Verlassenheit, um sie in die
höchste Rettung zu biegen. Merkwürdig krumm wirkt
deshalb Iphigenies Weg zum guten Ende: Sie darf sich
nicht helfen, damit ihr geholfen wird. Ausbruch aus dem
Mythos mag zwar zuvörderst von List, Tauschhandel der
Substitution errungen worden sein – doch Anbruch des
Selbst (so proklamiert uns das Spätwerk) datiere erst vom
Entschluß, im Allgemeinen sich erkennend all dem Kal-
kül der Einzelschläue zu entsagen. Dennoch werden die
Götter in Aulis subtil hintergangen: Iphigenie opfert ihr
Leben nicht der Artemis, die es verlangte und nun ver-
schont, sondern dem Griechenvolk – Hellád' ēleuthérōsa.
Das Individuum hat seine Geschichte daran, sich von Mal
zu Mal »frei« der eben aufsteigenden Macht zu fügen,
anzuverwandeln, um sich graduell aus dem Mythos, der
Religion, letztlich dem Kollektiv herauszuwinden. – Die
Tragödie macht sich zur Komplizin dieses Prozesses: indem sie das Todesangebot, das Selbstfindung an Rettung
koppelt, aus einem extremen Vorfall zum feienden Ritual
formt; den Erfolg des Rituals als wiederholbares Hand-
lungsschema rationalisiert; die Technik des Handlungs-

schemas von der Bühne herab veröffentlicht. Verzicht auf Kalkül als kalkulierte Strategie der Ohnmächtigen, Absage an List als Überlistung der Übermacht werden von Euripides gelehrt, wohl auch propagiert.

Deshalb nannte Nietzsche seine Tragödien Betrug, bloße Verkleidung für Komödien: in denen dann Verkleidungen, Betrug unverhohlen zum bieder guten Ende drängen. Von Haß auf das händlerisch Schlaue der Emanzipation erleuchtet wie geblendet, sah Nietzsche bereits in der autorgewollten, protagonisterwirkten Göttergnade nichts als schweißtriefenden Menschenaufstieg. Euripides' »Held, nachdem er durch das Schicksal hinreichend gemartert war, erntete in einer stattlichen Heirat, in göttlichen Ehrenbezeugungen einen wohlverdienten Lohn«. Kausalnexus zwischen Bewährung und Lohn verbrächte uns tatsächlich in die geschlossene Bürger- und Sklavenwelt der Nea, in der die List, Mythischem, Göttlichem, Völkischem entronnen, gewaltlos waltet: List jedes Einzelnen, der sich zu seinem guten Ende durchschlägt – und List des vom Autor diskret vertretenen Ganzen, das aus allen einander widerstrebenden Listen ein gutes Ende baut. Nietzsches Haß hat ein Teil versnobter Abneigung des Pfarrersohns und Gelehrten gegen den Kaufmann, in dem er den Sklaven riecht, der sich freigekauft hat. Nur: In der Verachtung der Komödie als der Gattung des (und der) »Gemeinen«, in der Verherrlichung der Tragödie als der Gattung des (und der) »Edlen« steht der Prophet der Vornehmheit weniger allein, als ihm recht wäre. Eben der Euripidianer Aristoteles und seine Nachbeter bis zu Barocksimpeln wie Opitz hielten an der »höheren« Dramenform fest, nicht weil sie noch an Götter und Schicksale glaubten – sondern weil es ihnen unvornehm vorkam, Trieb und Telos der Menschen in plumper Selbsterhaltung statt in Herrschaftsstolz und Selbstopfer zu suchen. – Sogar Euripides' Parteinahme für Autonomie ist durch die Grenzen aristokratischer Tragödienethik gekappt. Eigenlist der Schwachen in den frühen, mittleren Stücken (stets Frauenlist der Taurischen Iphigenie, der Elektra, Hekabe,

Medea) mündet, gottverhängt, in schlimmste Gefahr oder blutrünstige Katastrophe. Das Vaterland aber, dem im spätesten Spätwerk Iphigenies neue Loyalität gilt, rettet den Einzelnen nicht. Es bleibt auf menschenopfernde Herrschaft angewiesen, welche die des Mythos, der Götter beerbt statt beendet.[*]

Im Augenblick, da Iphigenie unschuldsvoll-schlau das Recht auf ihr Leben der Göttin zusagt aber dem Vaterland schenkt, werden wohl die Menschen von sich selbst noch mehr als die Götter von ihnen betrogen. Euripides schrieb seine vier ganz oder teils erhaltenen Tragödien über das patriotische Selbstopfer allesamt während der Peloponnesischen Kriege. Die Gottheit wie das Volk verlangen, damit gesiegt wird, das Blut jedesmal nicht des Heros, Königs, Feldherrn, sondern seines wehrlosen Kindes. Es opfert sich und wird dafür gerettet – oder in eine freundliche Quelle, in einen blinkenden Stern verwandelt. Hat aber Euripides' Apotheose der Makaria/Menoikeus/Erechtheus-Töchter/Iphigenie eine verläßlichere Wahrheit als das Mediengeschrei totalitärer Herrscherbanden, die kurz vorm Untergang noch ruhmgedopte Halbwüchsige an die Front treiben? – Wie dem Opfer, so gebührt auch der Freiheit des freien Selbstopfers allerschärfster Argwohn. Iphigenie würde getötet, auch wenn sie ihren Tod nicht selber verlangte. Ihr läßt der feierlich-abfeiernde Kommos, »Nun zieht sie dahin, / Die große Zerstörerin / Feindlicher Stadt«, weniger Trauer und Gerechtigkeit zuteil werden als der spröde Satz Adornos: »Der ehrwürdige Glaube ans Opfer aber ist wahrscheinlich bereits ein eingedrilltes Schema, nach welchem die Unterworfenen das ihnen angetane Unrecht sich selber nochmals antun, um es ertragen zu können.« – Der Hymne auf die Nation der Hellenen und gegen die Barbaren im

---

[*] Nur *der Geist der Komödie* im offenen Aufstand gegen die Tragödie, *Falstaff*, wird dereinst den Mut zur Feigheit aufbringen, den Opfertod fürs Vaterland zu verweigern: zwischen »dulce« und »decorum« trennend, das Leben der Ehre vorzuziehen. Aufs Feld der Ehre verschlagen, wählt er die genialste Verkleidung, die abgründigste List – er stellt sich tot, statt zu sterben.

Osten, mit der Iphigenie in den Tod geht, mag Euripides sogar einen utopisch-friedlichen Unterton beigemischt haben: mitten im Vernichtungskampf zwischen Hellenen sich sehnend nach der Einigkeit der Perserkriege. Doch muß den Preis des Friedens unter Stammesgenossen die schuldloseste, schwächste der Griechinnen bezahlen – nicht Achilleus, nicht Agamemnon, die schon vor der Ausfahrt zum gemeinsamen Barbarenmorden lieber einander als die Barbaren würgen.

III. »Ich löse deine Ketten«

Goethes Heldin aber verwirft nicht nur Gewalt, sondern auch Betrug gegen die Barbaren. Das liegt keinesfalls am Sujetentscheid für die Taurische statt der Aulischen Iphigenie. Gerade dem Sujet (abenteuerliche Flucht dreier Griechen aus dem Barbarenland) gewinnt Euripides eine Aktion voll List und Nationalhochmut ab – Goethe das Gegenteil: Preisung der Wahrheit und Menschheit. Dieser sein zweifacher Einspruch gegen das Vorbild ist *eine* sinn- und weltstiftende Dezision, die raison d'être des Werkes. – Je mehr sich »der Mensch« seiner letzten partikulären Bindung, der an die Nation, entwindet, um so bedürftiger klammert er sich an den Wert, der aller Partikularität, Ungleichheit von Glauben, Rasse, Macht enthoben scheint: an das Verbot der List, das Gebot der Wahrheit. Das Gelübde der Wahrhaftigkeit ist jener früheste doch mildeste Zwang, dessen sich die Gattung bei ihrer Entstehung bediente: Sie schuf die Sprache, indem sie jeden Einzelnen einschwor auf einen Konsens über die Bedeutung der Worte, die sagen sollen, was ist, nicht, was nicht ist. Diesen ersten Schritt der Menschheit wiederholt Goethes Iphigenie als den letzten zur Humanität: *Selbstvergewisserung* aber auch *Selbstentwaffnung* des frei werdenden, also entfesselten, Subjekts. Um der Sozialisation von Freien willen soll »Wahrheit« den vollen Doppelsinn umfassen: Ergreifen der eigenen, innersten Identität – und Preisgabe der äußeren Nichtidentität von List und Lüge. Den großen Bekenntnissen der Iphigenie, Pamina, Leonore ist aufgetragen, kraft ihrer Kunstevidenz solche Verbrämung von *Sich-Ergreifen* und *Sich-Preisgeben* als zwingend zu erweisen: Als *Selbstfindung* und *Todesangebot* in Wahrheit leuchten sie pathetisch während des Moments auf, da ihre Ausdruckscharaktere zu *einer* Bühnengeste verschmelzen.

Die neue Wahrheitsgeste aber erscheint, erscheint, un-mißverständlich, als Zitat der alten Geste der Aufopfe-rung.

Die Irrealität des klassischen Experiments ließe sich leicht daran festmachen, daß es sich der Wahrheit ausge-rechnet zu Beginn einer odysseisch-bürgerlichen Ära ver-schrieb. Anzukreiden wäre ihm dann auch Mitschuld am deutsch Hinterwäldlerischen, dessen Sprachregelung noch bis in die Gründer- und Börsianerzeit sich an den »biederen« Handwerker, den »redlichen« Kaufmann hal-ten, ja »Treu und Redlichkeit« dem ganzen Volk als Un-tertanentugend verschreiben wird. – Doch ist das Wahre selbst niemals weniger nur Plattheit der Moral oder Tau-tologie der Logik gewesen als im klassischen Augenblick. In dessen Lichtspalt 1780-1805 erschien »Wahrheit« als die Gestalt, in der »Opfer«, das Regulativ alles früheren Zusammenlebens, hätte aufgehen und enden sollen – im Wechsel von uralt erduldetem Zwang zu neu entworfener Freiheit. – In der Krise der Goetheschen Iphigenie (V, 3) wird darum die Menschheitsgeschichte des Opfers mit bohrender Insistenz rekapituliert. Befehl und Verweige-rung des geheiligten Menschenmords bilden den Kon-flikt. Ihnen folgt jener schwerste Verzicht auf lebensret-tende List, die dem Einzelnen aus mythischer Bedrohung in die Individuation entkommen half: »eine reine Seele braucht sie nicht«. Damit erst tritt das Drama aus zu bannender Vorzeit in seine eigenste Gegenwart/Zukunft utopischer Moderne: frei für die beiden Aufforderungen der Iphigenie an Thoas, die eine Welt ohne Trug suchen, doch auch ohne schutzlosen Rückfall in Ungetüms-, Got-tes- oder Volksknechtschaft: »Verherrlicht *durch mich die Wahrheit!*« und »So *töte mich zuerst!*« Mit solcher zitiert-verwandelten Opfergeste, die dem Weltalter des Opfers durch Selbstfindung und Todesangebot ein Ende setzen will, stiftet Iphigenie erst das Handlungsmuster der Klassik: die Wandlung der zu Rettenden zur Retterin. Orest, der die ins hadesgleiche Barbarenland Entführte zurück ins Licht Griechenlands hätte führen, entführen sollen, spricht zu ihr die Formel, die zuvor den Göttern allein gehörte: »Da alle Rettung auf der weiten Erde / Verloren schien, gibst du uns alles wieder.«

Wozu ›Iphigenie auf Tauris‹ eine lange Szene herrlichster Beredsamkeit brauchte, geschieht in ›Fidelio‹ wie in eschatologischer Überstürzung. Bekennende Enthüllung der Wahrheit und Todesangebot fallen zusammen (Aristoteles' Ahnung einlösend, daß Anagnorisis und Peripetie wesensgleich sind), sie brauchen nur vier Töne in kühnstem Tonartwechsel: »*Töt* erst sein *Weib!*« Abgeworfen wird hier die Verkleidung: jenes in sich zweideutigste Mittel theatralischen Heils, das zugleich komische Selbsterhaltung und tragische Selbstauslöschung, zugleich List und Todesdurchgang symbolisiert. Wehrlos und unbesiegbar vor Unverstelltsein steht Leonore da. Kaum eine Minute darauf erschallt die Kunde der Rettung, wieder in jenem markerschütternden Modulationssprung aus dem D- und G- ins B- und Es-Bereich: das Trompetensignal. – Die Kraft dieser Minute kommt aus Jahrtausenden: Abkürzung aller Hoffnung und Erfahrung, die sich aus archaischem Blut- und Eingeweideschlamm emporgelitten, durchgearbeitet haben bis zu Iphigenies, Paminas, Leonores Widerstand in Wahrheit: zu subjektbeglaubigter, subjekterthotzter Befreiung. – Beethoven beglich seine Schuld an Pamina mit dem Geschenk der herrlichsten Paraphrase der »ersten« durch die »zweite« Klassik. Er vollendete ihre Rettungsmelodie, »*Ich selbsten führe dich*«, zu dem nicht endenwollenden C-Dur-Aufstieg der Stimme Leonores: »*Gewiß, ich löse deine Ketten, / Ich will, du Armer, dich befrein.*« Wieder offenbart ›Fidelio‹ nur ein Geheimnis der ›Zauberflöte‹ – aber was für ein Geheimnis, welche Offenbarung.

Lesestücke XIX–XXVII

XIX

BEWÄHRUNG UND LOHN. – Wer Mozarts Augenblick als den endlos beseligenden erkennt, in dem sich Gnade herabneigte zur Autonomie – der wird bitter daran erinnert: Es war ein Augenblick. An seiner Löschung durch bürgerliche Emanzipationsdynamik, die keiner Götter- und Fürstenwillkür etwas danken, jede Spur schenkender Gewährung eilig tilgen wollte, hat Mozart nicht schuldlos gelitten, sondern mit seiner letzten Oper partizipiert.

Ende Juni 1791 wurde der I. Akt der ›Zauberflöte‹ mit dem Gnadenschluß fertigkomponiert; aber Gnade war europaweit in Mißkredit geraten. Am 6. Juni hatte die Assemblée constituante das Amnestierecht des Königs als »Willkürinstrument der Herrschergunst« angeprangert und abgeschafft. In der Debatte hieß es: Gnade, als einzelner, unbegründbarer Akt der Begünstigung, verletze das Prinzip der Gleichheit vorm Gesetz, sei also »Unrecht, ein Anschlag auf die Gesellschaft«. Der Hauptredner der Radikalen Pétion teilte Benthams (auch Beccarias, Kants) Verdacht: »Jede Begnadigung dient dazu, dem Tyrannen das Lob der Milde zu verschaffen und die Grausamkeit der Gesetze zu verschleiern.« Er folgerte daraus den Satz, der allen Spätabsolutismus mit seiner Clemenza-Ideologie tödlich traf: »La clémence d'une nation est d'être juste!« (Pétion starb zwei Jahre später an Hungerschwäche – die Leiche fand man im Wald, von Raubtieren zerfleischt – auf der Flucht vorm Revolutionsgericht.) – Sarastro widerruft seinen eigenen Gnadenspruch an Pamina/Tamino durch das Geheiß: »Führt diese beiden Fremdlinge / In unsern Prüfungstempel ein«. Der II. Akt kann beginnen: Darin soll nicht Autonomie von Gnade gekrönt werden, sondern Bewährung sich ihren Lohn verdienen. Gleicher Lohn für gleiche Leistung wird zum bürgerlichen Modell der Gerechtigkeit.[*]

---

[*] Beccarias ›Dei delitti e delle pene‹ ist die Einforderung solcher Rationalität. Vergleichbarkeit der Strafmaße untereinander, Vergleichbarkeit der Strafen mit den Vergehen als sozialen Schäden. – Daher auch die in der Rechtsgeschichte

In ›Le nozze di Figaro‹ hatte Mozart die Ursehnsucht des Bürgers, daß auf Bewährung gerechter (das ist: angemessener und unausbleiblicher) Lohn folgen möge, nicht nur verschwenderisch übererfüllt, er öffnete ihr sein Erdenparadies. Dort durften Autonomie als Glückstreben, heiter-wache Intrige – Gnade aber als Verzeihung, wunderbar schenkender Ausgang unverstümmelt fort- und zusammenleben. ›Die Zauberflöte‹ hingegen will solchen Gewinn, der alles Verdienst übersteigt (und damit selber der »Willkür«, »Begünstigung« verdächtig wird), ganz säkularisieren, kalkulierbar machen: So soll Sarastros Milde, die im ersten Finale auf Paminas Selbstfindung antwortete, sich im zweiten auszahlen lassen an die Mühe Taminos, die nach ihrem Entgelt ruft. – Des Singspiels zweiten Teil eröffnet Sarastro in gemischtem Ton: noch dem des josephinischen Bürokraten, der obrigkeitlich-fürsorglich über das Gedeihen von Handel und Gewerbe wacht – und schon dem des Vorstandsprechers, der den begabten Nachwuchs aus Adelskreisen voll Genugtuung seinen leitenden Herren vorstellt: »Tamino, ein Königssohn, 20 Jahre seines Alters, seufzt mit tugendvollem Herzen nach einem Gegenstande, den wir alle mit Mühe und Fleiß erringen müssen.« Dem Aufstieg Taminos durch Einsatz und Beziehungen (die modernste, schäbig verstohlenste Säkularisierung von Autonomie und Gnade) steht nichts im Wege.

Bürgerliche Arbeitsmoral brach im I. Akt erst an einer einzigen Stelle hervor – in den Schlüsselsätzen, mit denen Taminos Bekehrung zur Leistungs- und Aufstiegswelt begann. Im Vorhof der Sonnenstadt angelangt, fragte er sich verwundert: »Ist dies der Sitz der Götter hier?« Was den Ankömmling an den drei Tempelfassaden faszinierte, war nicht ihre dreifache Widmung »Vernunft«, »Natur«, »Weisheit« – sondern es war Arbeit: die Handwerksqualität ihrer Bauart. »Es zeigen die Pforten, es zeigen die

einzigartige Obsession der Aufklärung (Mercier, Bentham), dem System der Strafen ein *System der Belohnungen* anzukoppeln. Aristokratische Kriegs- und Opferethik ist erst überwunden, wenn identisch werden: der und das Verdienst.

Säulen, / Daß Klugheit und Arbeit und Künste hier weilen. / Wo Tätigkeit thronet und Müßiggang weicht, / Erhält seine Herrschaft das Laster nicht leicht.« Jeder Orden muß wohl einen besonderen Duft aussenden, um Novizen anzulocken. Die Weisheitspriester betören den javonischen Fürstensohn nicht mit frommem Weihrauch oder gelehrtem Muff – sondern mit dem Schweißgeruch von Bürgerfleiß, den er noch nie gewittert hatte. Daß aber Taminos neuer moralischer Geschmack zutiefst unmusikalisch, musikfeindlich ist, wurde vom Bürgerverächter Kierkegaard notiert. Tamino »schweigt still«, damit er die Plattheiten seiner Lehrer nicht nachsingen muß. Er als einziger unter allen Solo-Figuren hat im zweiten Akt kein Solo mehr. Krasser noch: Von dessen fünf disparat-einzigartigen Arien singt Pamina eine und wird in drei (von Monostatos, der Königin, Sarastro) angesungen – Papageno aber rückt mit der fünften, seinem Mädchen-oder-Weibchen-Lied, erst heraus, wenn sein mürrischer Aufpasser von einem Prinzen in die Kulissen abgegangen ist.

NB. Wer erfahren will, wie Bewährung und Lohn zu großer ernster Musik wachsen, alle Fesseln der Angemessenheit durch Übermaß sprengen, muß den Kerkerakt des ›Fidelio‹ hören. Der Bürger vertauscht hier Arbeitsmoral, kurz nur, mit Befreiungsethik (und schon mahnt Rocco, sooft sein Gehilfe von Freiheit singt, hurtig weiterzugraben). Der Bürger wird Heros und Halbgott: im heraklesgleichen Unterfangen, das Erdenrund für immer vom urzeitlichen Monstrum der Tyrannei zu säubern. – Man kann freilich nachlesen, wie Schröder-Devrient, als sie die Leonore erstmals sang, beim Trompetensignal wankte, zusammenbrach. Die Rolle erwies sich als eine einzige, heroische, Überanstrengung.

XX

DU BIST MEIN. – Ob der Mensch den Menschen *beherrschen* darf, heißt die Frage, die sich die Komödie in Beaumarchais' ›Figaro‹ aus den Fundamenten der Tragödie herausriß. Das Wüten des Grafen im Bedententrakt thematisiert, problematisiert alle Herrschaft. Sie verliert mit dem Gattungswechsel jene konventionsfähige Selbstverständlichkeit, mit der sie seit Aischylos die Bühnenwelt des edel-adelig Bedeutenden und Schrecklichen begründete, trug. Die Lächerlichkeit, welche auf der ›Figaro‹-Bühne Herrschaft zu töten hoffte, wird sie auf die Ernste Bühne nur noch zurückkehren lassen (in Oper und Nationaldrama des 19. Jahrhunderts) als Kolportage – zu deren Wesen ja der Pakt zwischen Autor und Publikum gehört, Lächerlichkeit zu ignorieren. Den spätesten großen Versuch einer Tragödie, den Hebbels, hat Nestroy in seiner tiefen, erschütternden Lächerlichkeit durchschaut: Holofernes muß, weil herrscherliche Größe ihr Glaubhaftes verloren hat, Größe als seine Privateigenschaft, als eine – quasipathologische – Charaktermerkwürdigkeit darbieten: »Wer ist der Stärkere, ich oder ich?« (Bis zu Brechts ›Maßnahme‹, Genets ›Balkon‹ wird es nun kaum mehr politisches Theater in Europa geben, weil alle außer den Freaks Kleist und Büchner sich einreden, Herrschaft sei mit ›Figaro‹ und 1789 nicht nur von der Bühne, sondern auch aus der Welt verschwunden.)

Ob der Mensch den Menschen *besitzen* darf, heißt die wahre Frage Hebbels, die er mit ›Judith‹, in einem gegenläufigen Gattungswechsel, der Komödie entrissen hat. Von der Abschaffung der Sklaverei (des Fundaments von Menanders, Plautus' kleiner Bürgerwelt) erholte sich die Komödie der Nea-Tradition bei Molière; er wählte den Rest der Sklaverei, den bürgerlichen Besitzanspruch des Mannes auf die Frau, zu seiner Grundsituation. Von allen Komödienschreibern fand er die ernstesten Nachfolger: Die machten der Welt klar, daß über jenen Anspruch nicht mehr zu spaßen sei. Besitz-, nicht Herrschaftsverhältnis zwischen Mann und Frau blieb die Erkenntnis von ›Herodes und Mariamne‹, ›Gyges und sein Ring‹, ja der ›Nibelungen‹ – Erkenntnis, mit der Hebbel, der die Tragödie zu rekonstituieren wähnte, Ibsens, gar Wedekinds Bürgerdrama vorausnahm (während ihm sein Bürgerdrama ›Maria Magdalene‹ zum Traditionswerk auf Lessings, Schillers Spuren geriet). – Am bösesten kratzt die Possentragödie der Lulu am Besitzrecht des Menschen auf den Menschen. Es ist, als habe sie um 1900 wissen wollen, ob es dem modernen Theater gelingen könne, Besitz (wie dem älteren, Herrschaft) auf der Bühne für das Leben unmöglich zu machen. Wedekind war Unkommunist. Er schloß seine Frage nicht mit Aufruf-, sondern mit einem Fragezeichen; dessen Krummheit schien ihm, um Wege der Geschichte abzubilden, angemessener.

XXI

NIHIL HUMANUM. – Der aufmerksame, weise Abert hat an zwei Stellen beschrieben, wie Mozart *Überraschung* in Töne setzt. Der Weltlauf wehrt sich gegen den Schock nicht mit Erregung und Widerstand – er erstarrt und bricht. Bei der Entdeckung Cherubins im Sessel: »Kein Laut impulsiver Überraschung, keine Reaktion des Verstandes oder Willens erfolgt. Alles ist wie vor den Kopf geschlagen, und deshalb läuft auch die Maschinerie zwar zunächst gleichsam automatisch im alten Geleise weiter, bleibt aber schließlich von selbst stehen, da ihr die Triebkraft entzogen ist. Die Streicher bleiben einfach an dem Thema Basilios hängen, das sie wie ziellos hin und her drehen; tief unten in den Fagotten und später auch in den Klarinetten regt sich dieselbe Gestalt, aber bereits träge, unförmig, wie aufgequollen, die eine Oboe endlich und die beiden Hörner bleiben gleich von Anfang an in dreifacher Oktave auf der Dominante in geheimnisvoller Erstarrung liegen. Die Dominantenharmonie erweist noch eine Zeitlang ihre Spannkraft, dann läßt aber auch sie nach, und schließlich steht das ganze Räderwerk auf einer Generalpause still.« Die andere Stelle, da Masetto aus dem Gartenpavillon Giovanni entgegentritt: »Kein Losbruch im Orchester, kein Takt- und Tempowechsel, nicht einmal ein Forte, wohl aber dasselbe Erstarren auf einem einzigen Motiv... Die Überraschung äußert sich statt aller Exaltation in einer allgemeinen Lähmung.« Abert sagt uns, wie ungewöhnlich Mozart da vorging: »Wohl kaum ein damaliger, geschweige denn ein späterer Komponist hätte hier auf einen Fortissimoausbruch des Orchesters auf einer Dissonanz verzichtet.«

Nicht erwähnt Abert die beiden Überraschungsmusiken, die mit offeneren, größeren Zügen, doch mit demselben Mittel arbeiten – nach der Selbstenthüllung der Gräfin im letzten ›Figaro‹-Finale, Leporellos im ›Don Giovanni‹-Sextett. In endlos scheinender Wiederholung lassen die Staccato-Geigen dort in Achtel-Tonleitern, hier in Sechzehntel-Tonrepetitionen die Zeit stocken. Über ihnen liegen die abgebrochenen Akkorde (»sotto voce« zwischen Generalpausen) des Ensembles, das sich chorisch zusammenduckt: als hätte das Geschehene seinen Zeugen nicht nur den Atem verschlagen, sondern auch die Gesichter gelöscht. Überraschung wirkt bei Mozart als ein lebensgefährlich Ungeheueres; denn die buntfließend nuancierte Zeit, die nun plötzlich aufhört, ist seinen Opernfiguren das Lebenselement. Ja, wir wüßten nicht, in welch einziger Weise der Zeitstrom Mozarts Menschen durchflutet, nährt, hätte er selbst ihn nicht in diesen Sekunden angehalten – und sie wie uns am Ende seiner Welt ausgesetzt. Die Figuren, die jäh ans Nichts ihres Begreifens, ihres Daseins stoßen, haben »O cielo!« in ›Figaro‹, »Dei!« in ›Don Giovanni‹ zu den ersten Silben ihres stotternden Flüsterns. Zerborsten ist ihre schöne, behütete Gestalt, aus deren Reflexion, narzißhaftem Sich-Neigen über den innersten Seelenspiegel, geformter Gesang aufstieg. Wörtlich fassungslos, weil des Umrisses der eigenen Person beraubt, wörtlich ohnmächtig, weil im Versickern aller Eigenkraft paralysiert, stehen sie auf der Bühne.

Spricht aber aus den Pausen, Atem- und Weltlücken zu ihnen der, den sie angerufen haben: »Himmel« und »Gott«?

An keiner anderen Stelle sollte der Streit über Religiosität oder Irreligiosität von Mozarts Musik ansetzen. Der Ruf des vor Überraschung chorgewordenen Ensembles steigt vom letzten Ufer des Diesseits auf; aber er erreicht nichts jenseitig Anderes. Er sagt, daß dort, wo das tausendfältig Individuelle, wo Zeit als Medium der Sensibilität und Sinnlichkeit ihre Grenze haben, auch alles für Mozart Faßbare, Wahre endete. »O cielo!« und »Dei!« bezeugen paradox: Alles Nichtmenschliche war ihm fremd. – (Wenn aber die Grenze und Fehlstelle des Menschlichen, wie viele meinen, das Göttliche am ehesten beweist, dann sind die Götter die schwächste Erfindung des Menschen: Halluzinationen seiner Ohnmachten, Lückenbüßer seiner Ohnmacht. Die stärkste Figur Mozarts ist der Gotteslästerer. Giovannis Szene mit dem Steinernen Gast verrät allerdings auch sein Pathologisches: Stumpfheit gegen Überraschung.)

XXII

BOURGEOIS ET GENTILHOMME. – In einer großen Abhandlung, dem Vorwort zu seiner tränenseligen »häuslichen Tragödie« ›Eugénie‹, bekämpfte Beaumarchais auf Diderots Spuren die Ständeklausel der alten Ästhetik. »Die wirkliche Einfühlung des Herzens, seine wahre Beziehung, geht von Mensch zu Mensch, nicht von Mensch zu Fürst. Der Glanz des Ranges, weit entfernt davon, meine Einfühlung in tragische Figuren zu steigern, schadet ihr im Gegenteil. Je näher der Stand des Menschen, der leidet, dem meinigen ist, um so heftiger der Griff, mit dem sein Unglück meine Seele erfaßt.« – Der schroffe Gegensatz an Ton, Stimmung, Dramaturgie zwischen ›Eugénie‹ und ›Le mariage de Figaro‹ hat verhindert, daß man je den Zusammenhang ihrer Wagnisse (das Paradox ihrer

Gleichzeitigkeit kraft Verschiedenartigkeit) verstand. Wie Beaumarchais in ›Eugénie‹ den Bürger in die Tragödie geleitet, so lockt er in ›Figaro‹ den Edelmann ins Boudoir, in den nächtlichen Park: dahin, wo die Rechtsprechung der Komödie boshaft-respektlos waltet. Zwei Taktiken der Literatur, an den Hierarchien des Lebens zu rütteln.

I

Das Lustspiel der geschlossenen Form zwischen Menander und Molière schließt geradezu besessen von seinem Universum aus, was nicht zum Bürger, seinem Kenntnis- und Hausstand gehört. Es geht nicht an, solche Seklusion ganz dem Bürgertum anzukreiden: die Schande zu verschweigen, daß es – etwa in Preußen – bis ins 19. Jahrhundert Gesetze gab, die dem Bürger den Erwerb von Land, dem Adeligen aber, als schändlich, Handwerk und Handel, ja die Ehe mit einer Gemeingeborenen verboten. – Doch ebensowenig läßt sich der jahrhundertezähe Drang des Handwerkers, Kaufmanns nach sozialer Homogenität im Leben wie auf der Bühne versimpeln zu einem ihm nur obrigkeitlich Auferlegten (auf das er dann, echt bürgerlich, mit Anpassung in der Sache, Trotz fürs Selbstbewußtsein reagierte: »Darf ich nicht, dann will ich auch nicht!«). Daß er sich aus der Tragödie heraushielt, die Komödie für sich beschlagnahmte, hat tieferen Antrieb. Auf Immanenz der überschaubaren eigenen Welt nämlich zielte schon seine Tagesarbeit: als Abschirmung des Geleisteten gegen Natur- und Herrschaftstücke. Und Immanenz vertraut-verständigen Zusammenlebens sollte seine Kunst bilden: zum Erfahrungs- und Utopieaustausch mit seinesgleichen.*

So war die Enthaltung, Adelige (und Götter) auf die

---

* Die Tautologie solchen Unter-Sich-Bleibens, Schon-Bekanntes-Sagens wurde später denkfaul »Realismus« der Komödie genannt – während doch Realismus erst beginnen wird, als zur Vertrautheit mit dem Wirklichen noch Ekel und Angst vor seiner unaufhaltsamen Verdinglichung hinzukommen: nach dem Untergang der europäischen Komödie.

Komödienbühne zu bringen, Immanenz, von jeher doppeldeutig: einerseits biedere Bestätigung dafür, daß es *zwei* Welten gebe, andrerseits heimlicher Traum davon, daß es *eine*, die wahrhaft homogene von Gleichen, geben könnte. Weil solcherart in der »Ständeklausel« der Poetik, welche Tragödie und Komödie nach der Klassenherkunft ihres Personals trennt, Affirmatives sich versteckt-unaussprechlich mit Utopischem mischte, weil die Trennung der Gattungen nicht dem autonomen Kunstwillen, sondern einem Sozialreflex des Bürgerdramatikers entsprang – darum vermochte jene Klausel niemals ganz aus der Ästhetik zu rechtfertigen, was sie doch zweitausend Jahre lang als Ästhetik beschrieb und vorschrieb. »Die Komödie besteht«, sagte Opitz, »in schlichtem Wesen und Personen, redet von Hochzeiten, Gastgeboten, Spielen, Betrug und Schalkheit der Knechte, ruhmredigen Landsknechten, Buhlersachen, Leichtfertigkeit der Jugend, Geiz des Alters, Kupplerei und solchen Sachen, die täglich unter gemeinen Leuten vorlaufen.« Je dürftiger Opitz statt Begründung der Gattung nur ein Inventar ihres schon griechisch-römischen Figuren- und Fabelbestands gab, um so prompter, sturer schickte er dem das restriktive Gattungsgesetz nach: »Haben derowegen die, welche heutigen Tages Komödien geschrieben, weit geirrt, die Kaiser und Potentaten einzuführen, weil solches den Regeln der Komödien schnurstracks zuwiderläuft.«

2

›Le mariage de Figaro‹ probt keinen Ausbruch aus der Nea[*] in Aristophaneische oder Shakespearesche Weiten – sondern übt den Verstoß gegen die Ständeklausel auf deren eigenstem, engstem Nea-Gebiet. Beaumarchais' Almaviva stammt aus dem Hochadel; sein Amt eines Großrichters von Andalusien, durch nichts als Geburt ver-

---

[*] Das Lustspiel, die »Neue« Komödie, seit Menander [vgl. S. 35 f.; Anm. d. Red.]

dient, macht ihn zum Zerrbild des kraft unableitbar purer Existenz aus sich waltenden, richtenden Gottes und Fürsten: zum »Potentaten«. Der Machthaber, dessen Handlung die Tragödie ist, will in der Komödie durch herausgehobenes Sein statt durch chancengleiches Handeln wirken: Das ist der Verstoß, der den Gattungsregeln »schnurstracks zuwiderläuft«. ›Le mariage de Figaro‹ thematisiert Herrschaft – *als* das anathematisierte Nichtthema der Neuen Komödie. Stets fürchtete die Nea, daß Eindringen von Herrschaft zuerst ihren Fabelverlauf räderwerkhafter Listendialektik, dann auch ihren Dialog lückenlosen Replikaustauschs sprengt (denn wie die Rede der Tragödie dem Duell zwischen Konträren, so ist die Rede der Komödie dem Tausch unter Gleichen nachgebildet). ›Le mariage de Figaro‹ aber widerlegt einzigartig diese Furcht: Er behandelt und vertreibt eben mit Fabeldialektik und Dialogwitz die Anmaßung des Grafen, ein Ungleicher, dem Tausch und Leistungsvergleich Enthobener zu sein – er heilt dessen Herrscher-Selbstverständnis wie eine Krankheit des Gehirns und Verhaltens. So triumphiert diese eine Komödie zugleich über die Ständeklausel der Szene und die Klassenmacht der Wirklichkeit. – Nur: Steht Beaumarchais wirklich so allein mit seiner Überschreitung; hielt sich alle Praxis der Nea sonst an jene Klausel? Molière selbst schuf sogar zwei Zwei-Klassen-Fabeln (von ›Dom Juan‹ vorerst, von ›Amphitryon‹ hier ganz zu schweigen): ›Georges Dandin‹, ›Le bourgeois gentilhomme‹. Sie gilt es an der Regel, um die Regel an ihnen zu messen.

Die Geschichten der Bürger Dandin und Jourdain bauen sich eine höchst kuriose, ja verkehrte Dramaturgie. Im regelrechten Exemplar der Nea wird das Unmaß, der Unverstand eines Abweichlers zerrieben von der Intrigentotalität innerhalb einer verständig-maßhaltenden Bürgergemeinschaft. So werden die »Charaktere« des Geizigen von Euclio bis Harpagon, des Mißtrauischen von Knemon bis Alceste verspottet und bestraft, vielleicht gebessert unter dem rauhen Verdikt Menanders: »O dreimal Unglückseliger,/ Gewaltig aufgeblasen bist du, eitler Narr!« (Epitrépontes). Doch Dandins, Jourdains Geschichte handelt von einer anderen Art »Aufgeblasenheit« als der klasseninternen, welche der Homogenität des mittleren, mittelständischen Lebens und Empfindens unterliegen muß. Ungebeten bestellt sich die Komödie diesmal zum Verteidiger nicht des Bürgertums, sondern des Adels: zwar kaum der schäbigen Adelspersonen auf der Bühne – doch um so schroffer der Standesidee selbst, der Unantastbarkeit angeborenen Privilegs. Nicht der Abweichler in der eigenen Klasse, sondern der Eindringling in die fremde wird zum Schuldigen, Verhöhnten der beiden Lustspiele Molièrescher Exzeption. – Dandin und Jourdain ähneln Almaviva: als dessen spiegelbildliche Gegenteile. Denn *diese* Eindringlinge wollen die Klassengrenze von unten, nicht von oben überschreiten; ihr Spiel handelt nicht vom Grafen unter Bürgern, sondern vom Bürger unter Krautjunkern oder Grafen. Des Emporkömmlings Niederlage erschüttert nicht, sondern sie festigt die Ordnung der Welt. Ist ›Le mariage de Figaro‹ das Kritischste, so sind ›Georges Dandin‹ und ›Le bourgeois gentilhomme‹ das Apologetischste, das das Lustspiel einerseits an Erschütterung, andrerseits an Versteifung des Bestehenden – der Gesellschaftsform, die fast unmittelbar Lustspielform ist – eben noch verträgt.[*]

3

Der helle, schneidende Übermut von Beaumarchais’ ›Figaro‹-Schluß kommt von der Zerschlagung der Tragödie, deren Hoheit dem gescheiterten Herrscher nicht mehr gegönnt wird. Der schwarze Wahnwitz von Molières Dandin- und Jourdain-Schlüssen kommt aber von der

---

[*] Wie total, wie aggressiv ›Figaro‹ alle Struktur und Moral des ›Dandin‹ umstülpt, erweist ein Gedankenspiel. Man stelle sich bis ins Detail vor, Beaumarchais hätte sein Stück so geschrieben, daß es die Bürgertochter verhöhnt, die partout einen Grafen heiraten wollte. In der Mitte dann der undenkbare Satz: »Rosine, tu l’as voulu!«

Anerkennung der Tragödie, von deren Trost der erniedrigte Bürger selbst in der Agonie seines Unglücks ausgesperrt bleibt. – *Ein* Protagonist Molières nur übertritt, kaum anders als Beaumarchais' Graf, die Grenze der Klassen nicht von unten, sondern von oben – und er tanzt, stelzt, stolpert, stürzt beispiellos-unheimlich zwischen Komödie und Tragödie. Dom Juan sucht, wie Almaviva, im Bezirk der Gemeinen nicht den Bürger sondern die Bürgerin. Er naht ihrem Kreatürlichen mit dem Willen zur Beherrschung – in jedem Schoß schändet er den Menschen. Molière kennt aber Beaumarchais' zur Menschheit erstarkte Lustspiel-Gemeinschaft noch nicht, deren Freiheit, Gleichheit dem Herrn strafend-erlösend die Herrschaft entwindet. Also wird Dom Juan, im schiefsten aller Stückschlüsse, statt menschlicher Spottlust und List von göttlicher Rache ereilt – nicht weil er machtlose Frauen mißbraucht hat, sondern weil er schließlich die übermächtigen Väter, den eigenen wie den himmlischen, lästert. ›Dom Juan‹ spreizt sich zur *Drei*-Klassen-Fabel: Der böse Übergriff des Helden in die Bürgerwelt wird läppisch nachgeahmt vom erbosten Griff des Himmels nach dem Helden; und roher als vom Auftritt des Grandseigneurs wird die Ständeklausel vom Auftritt des Rachegotts zertrümmert. Das Monstrum einer Komödie beweist erst, daß jene Klausel weniger die Würde der Aristokratie als das Besitzrecht des Dritten Standes an der Komödie schützte: Sobald der Steinerne Gast erscheint, sind Dom Juans Opfer, Opitz' »gemeine Leute«, wie nie gewesen, vergessen.

Juans Vernichtung durch die Väter gewinnt erst später geschichtsphilosophischen Rang: als der Bürger für sich selbst wählen muß zwischen der Freiheit des Menschen und der Autorität des Vaters. *Giovannis Aufstand* wider die Väter wird ihm dann ein Teil an der Menschheit geben, die sein Ahnherr, die er selbst mit Füßen trat. Der Bürger scheut nämlich, was er vielleicht jetzt, nur jetzt vermöchte: die Welt nach dem utopischen Inbild seines Spiels der Gleichen einzurichten. Der Potentat aber, der jenes Spiel zu stören und zerstören drohte, vertritt dessen Provokation nun bis in sein Ende, bis ins Ende der großen Komödie Europas. Darum strahlt von Giovanni unendlich mehr Kraft, ja Würde als von Almaviva – darum erlangt er sie erst ganz, als er sein Vergehen an der humanitas im Aufstand gegen die auctoritas abbüßt, untergeht. – ›Le nozze di Figaro‹, ›Don Giovanni‹ partizipieren mit ihrem Unterschied wie mit ihrem Zusammenhang am Schicksal der Gattungen. Tönend verwirklichen sie Humanität, indem sie die Regelwidrigkeit ihrer Zwei-, ihrer Drei-Klassen-Fabel dramatisch-prozessual dort in Zähmung, hier in Hinrichtung (niemals: Entmenschung) ihres Herrscher-Helden wenden. Als die letzte Komödie, als das Ende der Komödie heben sie sich aber in blendend todnahem Gelingen gemeinsam vom Versagen des bourgeoisen Trauerspiels ab. Dieses durchstreicht die Ständeklausel programmatisch im Namen der Menschheit – und kann Humanität doch niemals auf der Bühne wirklich und wahr machen. Denn die Helden des Bürgerdramas von Odoardo Galotti bis Meister Anton üben schon neue Herrschaft. Sie sind (durch nichts als Geburt verdient) Väter statt Menschen: Potentaten.

XXIII

INCOGNITO. – »Jupiter, qui sans doute en plaisirs se connaît,/ Sait descendre du haut de sa gloire suprême;/ *Et pour entrer en tout ce qui lui plaît/ Il sort tout à fait de lui-même.*« Merkur läutet es schon im Prolog ein: ›Amphitryon‹ wird eine Drei-Klassen-Fabel über Götter, Herren, Diener – weltfroh versöhnter Widerruf des ›Dom Juan‹. Dafür bürgt nicht nur der golden schimmernde, sprühende Ironie- und Parodieton der Verse, der alle Würde und Gewalt der Himmlischen unwiderstehlich entwaffnet. Das Wort wird von der Fabel noch übertroffen an Versöhnungswitz. Wenn Jupiter in Menschenfleisch gewandet dem Schoß einer Frau naht, gibt er sich in mehr als einem Sinn eine Blöße. Dort, wo er hin will, mißt der Gott der Götter nun keinen Zoll mehr als der Gatte. Solche Komik erotischen Mißgeschicks (mittelmeerrein in ihrer Schlüpfrigkeit, azurhimmelheiter in ihrer Kläglichkeit) löst den Riß zwischen Gott und Mensch in deren neuheidnischem Wechsel- und Verwechslungsspiel auf. Sie verzaubert den Mythos vom Machtmißbrauch des Gottes, der den Halbgott zeugt, in die Utopie vom Machtverzicht des Herrschers, der zum Menschen abdankt.

Was jedem »clemenza«-Exempel mißlingen wird, Friedensschluß zwischen Gottfürstlichkeit und Menschlichkeit, leistet die Pastiche: verfrüht bei Molière, verspätet bei Offenbach (dessen ›Orphée‹-Pluto, ›Périchole‹-Vizekönig die Wonnen des Incognito besingen). Der Gewaltige, der aus freien Stücken zum Liebenden wird, der Liebende, der sein durch Gewalt erworbenes Selbst wie lästige Kleidung abwirft – könnte dieser würdelose antike Himmelsgast uns nicht heute noch, morgen noch als Vor-Bild eines würdigeren Erdbewohners erscheinen: eines, der die Welt teilhabend genießen statt sich allein unterjochen will? »Il sort tout à fait de lui-même«: Außer sich sein jenseits zwingherrlicher und selbstbezwingender Identität heißt Glück im ›Amphitryon‹. Molière hat Schärferes, Klügeres, Gewichtigeres, niemals Schöneres geschrieben.

XXIV

UND BIST DU NICHT WILLIG. – Die Schwierigkeit, Giovanni zu beschreiben: als wolle man Umrisse auf eine Stromschnelle zeichnen. Giovanni hat keinen Charakter; deshalb wird er geschmäht, damit prahlt er. – Eine andere Erklärung: Weil er Leib ist, nicht Geist, geht er uns nicht in die Köpfe. Die Unmöglichkeit, Giovanni zu verstehen: die Schuld daran trüge mithin nicht er, sondern der bleich verstockte Unverstand fast alles abendländischen Verstands.

Mozarts Zeitgenosse, noch von keiner Tradition der Bewunderung oder Heuchelei gehemmt, sah Giovannis Charakter, Charakterlosigkeit so, wie heute keiner sie zu sehen wagt: »Er ist die tollste, unsinnigste Aftergeburt einer verirrten spanischen Einbildungskraft. Der liderlichste, niederträchtigste, ruchloseste Kerl, dessen Leben eine ununterbrochene Reihe von Infamitäten, Unschuldverführungen und Mordtaten ist. Ein Heuchler und Religionsspötter, ein ausschweifender Wüstling und ein abgefeimter Betrüger, ein Doppelzüngler und ein Geck; die heimtückischste, schadenfrohste *Bestie,* ein Schurke ohne Gewissen und Ehre. Er begeht die größten Abscheulichkeiten mit einer Kälte und einem Gleichmute, als hätt' er ein Glas Wasser auszutrinken, stößt einen Menschen nieder, als ging er zum Tanz und verführt und betrügt weibliche Tugend, als nähm' er eine Prise Schnupftobak. Und alle die Greuel amüsieren ihn, alle diese *Bestialitäten* machen ihm großen Spaß« (Schink, Dramaturgische Monate, 1790). Wäre die dramatis persona nur eigene Tat und Gesinnung, nicht auch Schriftzug der Geschichte, so hätte der Schmähredner unanfechtbar recht.

Man kann daraus folgern: Es »sollte die heilige Kunst nie zur Folie eines so skandalösen Sujets sich entwürdigen lassen« (Beethoven). Oder man kann Beethoven mit Schink auf einen Haufen werfen: lobpreisend Giovannis Sinnen- und Ausdrucksmacht, beide zu Muckern erklären. Nur eines darf der Interpret, Kritiker nicht: Giovanni vergeistigen, um mit dem eigenen Muckertum keinen Streit zu bekommen. Etwa die erste Szene so deuten: »Eine Vergewaltigung widerspräche völlig Giovannis Wesen und Prinzipien. Sein Begehren entspringt der unendlichen Sehnsucht seiner Sinne, es idealisiert das jeweilige Opfer. Das Weib fühlt sich ihm gegenüber der Wirklichkeit enthoben...« Felsensteins Prüderie – vom realen Sozialismus aufgewärmter Wilhelminismus – trieft aus schmalgepreßtem Generalintendantenmund, der alle Phrasen des Höhe-

ren zu altneuer Gründerstil-Eklektik verkaut: »Wesen«
und »Prinzipien« und »unendliche Sehnsucht«. So wenig
aber Giovanni seine »Opfer« »idealisiert« (»pur che porti
la gonnella« – »wenn sie nur einen Rock trägt, macht er mit
ihr, Ihr wißt schon was«), so gewiß fällt er solchen Ideali-
sierungen zum Opfer. Der gerühmte Musiktheater-Regis-
seur vergaß über sie, Textbuch und Partitur zu lesen.

2

Laut da Ponte beginnen Giovannis Näherungen an Anna
wie an Zerlina mit Verführung (platt: durch Maskenbe-
trug bzw. Heiratsschwindel); sie enden als mißlungene
Vergewaltigungen. Annas machtvollem Accompagnato-
Bericht von den Schrecken jener flammend düsteren Vor-
spiel-Nacht können wir höchstens mißtrauen, was den
Ausgang des erotischen Kampfes, nicht was seine versuchte Gewalt, ihren versuchten Widerstand betrifft. Di-
to: Wenn Mozart schon die Sängerin der Zerlina in den
Hintern kniff, um ihr im Ballfinale den richtigen Schrei
aus der Kulisse abzuzwingen – so gebrauchte Giovanni
wohl brutaleren Zwang im Nebengemach, ehe die weder
Unvorbereitete noch Überängstliche schrie und floh. – Es
geht hier nicht darum, die sogenannte Konzeption einer
neuartigen Inszenierung auszudenken, in der Giovanni
sich wie der nächstbeste Strizzi aus den Praterbüschen
gebärdet. Es geht darum, die Augen für Fabel und Hauptfigur, die Ohren für den zuvor unbekannten, Schmelz mit
Roheit paarenden Stimmcharakter des »Kavalier«-Bari-
tons, der kein Kavalier war, offenzuhalten. Es geht um
den Kern der Giovanni-Rolle: die Einheit von Verführung und Gewalt.
  Dem Helden Mozart/da Pontes Verführung zuschrei-
ben, Gewalt absprechen, hieße Kastration. Abgeschnitten
würde er von seinem geschichtlichen Ursprung – damit
von seiner mythischen Kraft. Don Juans Mythos entspringt dem einzig noch tradierbaren der Neuen Zeit:
dem von dem Menschen, der mit dem Teufel auf Du und

Du steht. Vom höllischen Alchimisten hat er eben die Verschmelzung von Verführung und Gewalt gelernt: In dessen schwarzer Theoanthropologie steht die eine fürs Verfallensein an das Fleisch, die andere für den Abfall von Gott. Wohl hat die Juan-Fabel zwei trennbare Wurzeln: die Geschichte vom Frauensüchtigen (›Il dissoluto puni-to‹ heißt da Pontes Libretto-Titel) und die Geschichte vom Gotteslästerer (›Il convitato di pietra‹ hieß da Pontes Vorbild, dessen Vorbild wieder ›L'athée foudroyé‹). Welche stur entschlossene Notwendigkeit aber beider Zusammenwachsen betrieb, zeigt sich daran: Die Einheit von Verführung und Gewalt tauchte zunächst im Atheist-Strang des Stoffes auf – und konnte doch erst im Frauenheld-Strang ganze Wirkung und Evidenz gewinnen. Die eine Fabel hat auf die andere gewartet; nur gemeinsam konnten sie zur Mär vom Gottesmord durch Erdenglück, zum Mythos der mythenlöschenden Zeit werden.

3

Das Ingolstädter Jesuitendrama vom Herzog Leontius (1615) erzählt, wie ein junger Lästerer einen Totenschädel am Wegrand anpöbelt, ihn, die Unsterblichkeit der Seele verhöhnend, zum Abendessen lädt. Am Gastmahl nimmt Machiavell, der Erzieher des Herzogs, teil; er verläßt das Opfer seiner bösen Lehren erst, als es von seinem Gast in die Hölle gerissen wird. Machiavell galt dem Barock als der Gesandte des Teufels auf Erden – der große Ratgeber und Verderber des Menschengeschlechts in Sachen Verführung und Gewalt. Sein Erscheinen setzt die Synthese des Don-Juan-Stoffes in Gang. – Der wirkliche Machiavell schrieb den ›Principe‹ freilich zum Gebrauch *eines* Fürsten, der seinen Staat innerlich festigen, die Städtekriege in Italien beenden, die Invasoren aus dem Land treiben sollte. Da aber dieser Fürst nicht in Sicht war (gerade hatte Cesare Borgia, seine Fehlinkarnation, elend verenden müssen, gerade wurde dessen Freund Machiavell als Staatsfeind verbannt, belauert) – da somit der wahre Zweck notgedrungen verschwiegen, die Instrumentalität alles Handelns von ihm abgetrennt wurde, bekam das Buch die *Form* von Allgemeinheit: die eines bösen Fürstenspiegels, ja einer diabolischen Ethik für jedermann. Allgemeinheit des *Gehalts*, Relevanz, fiel nun dem Teufelstrug Machiavells als Präfiguration der Aufklärung zu: ihres dämonisch unfaßlichen Zugleich von Schwinden der Zwecke und Wachsen der Zweckrationalität. Einzig die Fama, daß der ›Principe‹ zur Tilgung aller Werte, zur Wertbefreiung aller Mittel anstifte, wirkte an ihm weiter: Freibrief an die aufsteigende Individualität, zum Dienste ihrer gott- und menschenverachtend ichsüchtigen Willkür alle Verführung und Gewalt zu entfesseln.

Im Zentrum des so begriffenen ›Principe‹ steht die ungeheure Doppelallegorie des Fürsten als Fuchs und Löwe (Kap. XVIII) – als des Bastards der Wappentiere von Verführung und Gewalt. Machiavells Genie drängte aber über alle zeitmodische Emblematisierung der Tiergestalten hinaus zu böser Wörtlichkeit: »Ein Fürst muß notwendig einen Menschen und eine Bestie vorzustellen wissen.« Als *Mensch-und-Bestie* gehört Giovanni, so wenig ›Il Principe‹ als Manual für Schürzenjäger gedacht war, ins Allerunheiligste der neuzeitlichen Gottlosigkeit: Sokkelfigur des wahren (nicht nur durch ein geschichtsmächtiges Mißverständnis monumentalisierten) Machiavell. Giovannis Skandalon kann nunmehr benannt werden: Tatbeweis, daß Befreiung – der Gottesmord, die Enteignung des Souveräns durch den Einzelnen – sich mit der Entscheidung nicht für den Geist, sondern für das Tier im Menschen vollbringt. Für einen Augenblick (bevor der Steinerne Gast auftritt) scheint es, als habe sich Einer für uns Alle nicht nur vom Himmel, sondern auch von der Hölle emanzipiert. – Bürgerlichkeit in Erkenntnis und Moral konnte sich allemal mit der Blasphemie der Vernunft, niemals mit der des Fleisches abfinden – so auch damit nicht, daß das summum opus ihres Musiktheaters den sinnlich Tiermenschlichen zum Helden haben soll. Zuerst verfluchte sie (mit Beethoven), dann verharmloste sie (von Hoffmann bis Mörike), schließlich kastrierte sie (mit Felsenstein & Co.) das Sujet, den Helden. Schinks Klarsicht und Mut, die »Bestialität« der »Bestie« beim Namen zu nennen, wurde immer prüder verdrängt.*

Heuchelnde Taubheit für Giovannis Bestialisches wird ermöglicht durch dessen Archaismus: daß er der Unfrömmigkeit der Renaissance an Willen und Glanz immer noch nähersteht als dem modernen Kult des Bösen laut Laclos und Sade. Moderne Vergeistigung von Verführung-und-Gewalt hat nämlich zu ihrer Wahrheit nicht »unendliche Sehnsucht«, sondern Perversion. Wer aber jenseits von Gut und Böse lebte, wer – wie Machiavells »weise Kentauren« – sich als Tier wußte und als Mensch, kannte noch keine Perversion. Wo Sade (»postmachiavellistisch«) die Selbstzweckwerdung erotischen Zwangs genießt, übt Giovanni (»machiavellistisch«) das Erzwingen sexuellen Zwecks. Er wird wohl schon Opfer der Bürgerära, die begonnen hat, sein und ihr Glück zu verteufeln – aber noch kein Genießer ihrer neuartigen Ersatz-Raffinements. Man lese dazu den tugendvollsten Autor des 18. Jahrhunderts, den profanen Beichtvater aller in Seelenqual sich schänden lassenden Jungfrauen: Richardson. Er schuf den Typus des Verführers, den der nahende Universalsieg selbstgerechter Moralität dazu reizt, den Seelen statt den Leibern Gewalt anzutun. Giovanni dagegen liebt keine Jungfrauen, sondern »donne d'ogni grade, d'ogni forma, d'ogni età«. Von Lovelace hätte er kaum einen Gedanken, kaum ein Gefühl verstanden, Clarissas Vergewaltigung aber lieber selbst versucht als nacherlebt, nachgelesen voll erschauerndem Genuß und Cant. Die überließ er seinen Verherrlichern und Verrätern: seinen Kritikern, seinen Nacherzählern, seinen Regisseuren.

---

* Heute findet man Giovannis unaufhörliche Morddrohungen gegen Leporello komisch, weil der so feig ist – obwohl man ihn den Komtur niederstechen sah, der so mutig war. Man beklatscht die B-Dur-Arie ob ihrer Lebensfreude – und überhört, wie in Rhythmus und Klang sich ein panisches Toben roh unter dem Elan der Worte, der Virtuosität der Deklamation durchsetzt.

XXV

OUVERTÜRE. – Kierkegaard schrieb über ›Don Giovanni‹ wohl im selben Jahr 1841 wie Wagner: »In der Ouvertüre entfaltet die Musik all ihre Fülle, mit wenigen machtvollen Flügelschlägen überschwebt sie gleichsam sich selber, überschwebt sie die Stätte, an der sie sich niedersenken will.« Genauer als Wagners plump-direktes Wort vom »idealen Prolog« beschreibt die Metapher, daß Ouvertüren von ›Alceste‹ bis vor ›Lohengrin‹ nicht eigentlich die Handlung, sondern die *Spanne* der Oper ausmessen: Welches sind die extremen Mächte (Stände oder Wesenheiten) der Fabel – wer steht darin gegen wen? – Die Ouvertüren zu ›Le nozze di Figaro‹ und ›Così fan tutte‹ sind dafür Grenz- statt Gegenbeispiele. Mit genialer Kunstfertigkeit wirken sie die Illusion eines einzigen, durchlaufenden Impulses, welcher motu perpetuo alle thematischen Gegensätze verschlingt – um anzusagen, daß die Buffa ihre Ausdehnung in der Zeit statt im Raum hat, daß sie *keine* Spanne kennt, nur unendliche Nuancierung im Innerweltlichen.

XXVI

STILBEGRIFFE. – Barock und Moderne, Raum und Zeit, Machtbezug und Freiheit – Sache der Begriffe ist Vereinfachung; sie lädieren den Reichtum des historisch Wirklichen, des Wirklichgewesenen. Dessen wissenschaftliche Beschützer aber, die einem das Maul stopfen mit lauter sachlichen Aber-Nuancen, lassen dabei nicht nur das Denken, sondern gerade auch die Empfindung für Reichtum, Nuance an lauter Neben-Sächlichem ersticken. Behaupten, wie die Begriffe es tun, daß die Vergangenheit sinnhaft stimmig war, ist Verbrechen an ihr: Ignoranz gegen ihren Schmerz. Behaupten, wie Begriffslosigkeit es tut, daß die Vergangenheit sinnlos unstimmig war, ist Verbrechen an ihr: Ignoranz gegen ihr Glück und ihren

Schmerz. (Das schlechte Gewissen des Begriffs bleibt immer noch die beste Schule der Erkenntnis; vielleicht sogar der Einfühlung.)

XXVII

RAUM UND ZEIT. – Raum und Zeit, das ist: Herrschaft und Freiheit. Das ist aber auch: ein reines und ein unreines Verhältnis in der Welt. Denn Zeit macht unrein, weil in ihr jeder Gegenstand, jeder Mensch Eines ist und dann Anderes. Untreue, Verrat wäre demnach die Uhr der Freiheit, schließlich der verrückt beschleunigte Stundenschlag der Moderne. Vielleicht liegt darin das tiefste Thema von ›Don Giovanni‹.

Sohn und Vater
Zu Kleists letztem Stück

> »... il perdono e le grazie sono necessarie
> in proporzione dell'assurdità delle leggi e
> dell'atrocità delle condanne.«
>
> Beccaria

I

Mit leuchtender Plötzlichkeit und Unwahrscheinlichkeit entsteht 1810 das große politische Drama vom Prinzen von Homburg. Es gibt vielleicht ein Dutzend Theaterstücke, die nicht bloß politische Affären greifen, sondern das Politische selbst. Der zweitausendjährigen Lücke, klaffend nach ›Iphigenie in Aulis‹ und ›Bakchen‹ bis zu ›Richard II.‹, entspricht die andere epochenweite, die Corneilles ›Cinna‹ und ›Horatier‹ gefällig seicht von Kleists ›Prinz Friedrich von Homburg‹ trennt. Mittelalter wie Aufklärung (so darf man vermuten) schlossen sich mit ihren verzeitlichten Heilstheoremen von dem aus, was das Politische mit dem Tragischen eint – heilsfremd geschlossene, heillos schlüssige Dialektik zwischen Einzelwillen und Ganzheitsmechanismus: Schicksal. – Aufgeklärter Irrglaube, die Welt könne von monadischer Ratio durchgedacht und gelenkt werden, schien zwar (in den Augen des gezüchtigten Europa) durch Napoleons Lebensentwurf nochmals ad absurdum, ins Allmachtgierige gesteigert. Tatsächlich aber hatten des Kaisers Situationsgenie sowie Maxime, Politik sei Schicksal, selber schon alle Illusion vernunftgemachter Heilsgeschichte widerlegt, spätestens bei Jena rüde zum Gerümpel gekehrt. Damit endete eine lange Zeit des Unpolitischen (»Überpolitischen«), das der Absolutismus verordnet, die Aufklärung genutzt, die Schreckensherrschaft zu sich befreit hatte. Erst Napoleon also, Feind und Lehrer, schenkte seinem jungen Todfeind die Chance, eine Tragödie zu denken, die nicht von Seelenprojektionen in Ritterpanzern oder Amazonenschleiern mehr handelte, sondern von Preußen und Heinrich von Kleist.

Die ungeheure Arbeit, mit der das Politische im ›Prinzen von Homburg‹ wiedererobert, die mörderische Schärfe, mit der es neu durchgespielt wurde, lassen sich ermessen am Abstand zwischen Stück und Quelle. Die Anekdote vom Ungehorsam des Reitergenerals, von der Gnade des Großen Kurfürsten am 28. Juni 1675 wurde erst 1748 erfunden: durch Friedrich II. für seine ›Histoire de la Maison de Brandenbourg‹. Kleist fand das vielzitiert erfolgreiche Exempel im vaterländischen »Lesebuch« des Feldpredigers K. H. Krause wieder, das er 1809 für zwei Monate der Dresdner Bibliothek entlieh. Krauses Version der Siegesfeier nach Fehrbellin fordert engsten Vergleich mit Kleists II, 9–10: »*Der Prinz* Friedrich von Hessenhomburg stand, *im Bewußtsein seines Dienstfehlers,* in einiger Entfernung und wagte es nicht, seinen Blick zu dem streng gerechten Fürsten aufzuschlagen. *Der Kurfürst winkte ihm liebreich,* heranzutreten. ›Wollte ich‹, redete er ihn an, ›nach der Strenge der Kriegsgesetze mit Ihnen verfahren, so hätten Sie den Tod verdient. Aber Gott bewahre mich, daß ich meine Hände mit dem Blute eines Mannes beflecke, der ein vorzügliches Werkzeug meines Sieges war.‹ *Mit einer väterlichen Ermahnung,* künftig vorsichtiger zu sein, *umarmte er ihn* und versicherte ihn seiner ganzen Achtung und Freundschaft.«

Kleists Geschehen bleibt also in seiner Vorlage ungeschehen. Ja, deren Figuren einigen sich darauf, zu tun, als sei nichts geschehen. Genauso schon bei Friedrich dem Großen: Des Kurfürsten Gnade greift seinem Urteil derart ungeduldig vor, daß das Urteil, und darum die Gnade, gar nicht erst zustandekommen. Friedrich als Schriftsteller hatte Teil am aufgeklärten Wegerklären widerspenstiger Erfahrung: Seine Geschichtserfindung lehrt »Mildigkeit« des Herrschers, »clemenza« als jene Konfliktscheu, Ohnmacht zum Strafen, die der (oft heuchlerischen, öfter selbstbetrügerischen) Propaganda des Spätabsolutismus zum Leitbild wurde. Atemberaubend aber ist, wie Kleist dem so zweckgeprägten Stoff alle Harmlosigkeit austrieb, wie er exempelfromme Entschärfung durch ausgefallenste Verschärfung des Politischen ersetzte. Krauses Szene mit

ihrem liebreichen Winken, Kleists Szene mit ihrer erstickten Starre, passend dort zu einem bieder schuldbewußten,
abstechend hier von einem toll triumphberauschten Prinzen – sie wirken wie Zerrbilder voneinander, grausiggro-
teske Parodien. Ihr Kontrast hilft, das Grauen unter der
fast anmutigen Untrüglichkeit von Kleists Wort- und
Szenenbau zu erspüren. Stolpern, Erstarren, Furchtein-
brüche in Diktion und Situationen sind der Preis seines
immensen Unterfangens – als beginne, stocke es jedesmal
wieder vorm Nichts –, den Staat auf den Einzelnen, den
Einzelnen auf den Staat hin neu zu konstruieren.

2

Doch Kleists Novissimum verblüfft zunächst damit, daß
ihm Gestalten ältester politischer Erfahrung zuströmen,
seine Gedanken- und Handlungszellen füllen, spannen –
als hätte alles Wissen von Gewalt, Streit, Sühne, um wieder aufzuleben, nur aufs Ende einer Weltzeit utopisti-
scher Selbsttäuschung gewartet. Die Fabel des ›Prinzen
von Homburg‹, so einzigartig sie scheint, birgt Mythen
mächtigster Tragödien aus Antike und Barock: nicht als
erprobt-verschlissene Wirkungsschemen der Bühne, sondern als Substrate eines lang verdrängten Artgedächtnis-
ses, das sich nun gegen vorharmonisierte Universalge-
schichte erhebt. Kleists Dramenkonflikt bewegt sich in
den beiden Begriffspaaren, mit deren Hilfe man seit alters
her das Wesen des Staates, das Wirken des Einzelnen darin zu fassen suchte: in den bald blutigen, bald rettenden
Streit/Ausgleich-Systemen von *Gesetz und Gnade,* von
Individuation und Selbstopfer. Der erste, scheinbar ar-
chaischere Gegensatz sammelte sich ganz erst im französischen Barock (gebunden an Absolutismus, Souveränität) – der zweite, täuschend modernere schon in der athe-
nischen Antike (entbunden von Demokratie, Emanzipation). Corneilles ›Cinna‹ mit dem Gnadendurchbruch,
Euripides' ›Iphigenie in Aulis‹ mit der Opferapotheose als
Telos und Stückschluß stellen deren reinste Denk- und

Spielmodelle. Die ›Homburg‹-Tragödie aber preßt als erste, vielleicht einzige, die Erfahrungen beider konträr entsprungenen Modelle ineinander: unterm geschichtsprägenden, lebensbedrängenden Druck der Forderung, das neue, unendliche Subjekt der Nachaufklärung, Nachrevolution noch einzupassen in die fremde Endlichkeit der Welt.

Daß das Ich das Unendliche, die Wirklichkeit aber das Endliche sei, wäre den perikleischen Griechen wie den Franzosen des Grand siècle lächerlich vorgekommen. Solcher herausfordernde Widersinn aber gibt der ›Homburg‹-Fabel erst den tragischen Grund – und skurrilsten Untergrund: als fuße das Schicksal der Moderne auf einem Witz vom Elefanten und der Maus. Kleist hat die Inkommensurabilität des einzelnen in seiner rousseauistischen Jugend glauben, in der Kant-Krise leiden und denken, mit ›Penthesilea‹ schreiben gelernt. Sie prahlt und jammert aus jeder Silbe des Prinzen mit peinlich-hautnaher Unabweisbarkeit. Dies macht das schwer Erträgliche des Stückes aus: daß alle sprach- und verstummungsverbürgte, trance- und qualunmittelbare Realität des Ich eingestampft werden soll vom Überrealen, Unrealen der Satzung. – Darum wird der Tradition schwerster Auftrag für den ›Prinzen von Homburg‹ aufgebürdet: Nicht nur um alte Erfahrung vom Gemeinwesen wiederzuerwecken, vielmehr um neuesten Riß zwischen Subjekt- und Objektwelt zu schließen, setzt Kleist jene beiden berühmtbewährten Begriffsmaschinen aufeinander zu in Gang. Er behauptet mit genialer Findigkeit, Wunschdenken, daß sie zwei Lebensvorgänge eines Ganzen sind: daß die prozessualen Definitionen des Staates durch Gesetz → Gnade, des einzelnen durch Individuation → Selbstopfer einander organisch, sprich orgastisch, ergänzen. In der Gnade umschlinge der Staat die Inkommensurabilität des einzelnen; im Selbstopfer ergieße sich der einzelne in die Allgemeinheit des Staates.

Die beiden Prozesse bergen in der Tat ein bestechend Komplementäres. Einerseits: Die Staatslehre ahnte seit je, daß Gesetz ohne Gnade nur Vergeltung, festgeschriebener Rachezusammenhang bleibt, der die Welt in einem Zustand der Tödlichkeit stabilisiert. Gnade hingegen wirke (wenn nicht bloßer Willkür oder Schwäche entsprungen) Stiftung eines besseren Gesetzes, die wahre Geburt des Staates. Andrerseits: Die Ethik gibt kund, daß Individuation ohne Selbstopfer ganz zu anarchischer Ichsucht verwildern muß, die sich im Kampf aller gegen alle zerstört. Selbstopfer aber bringe (wenn vom Erkennen des Allgemeinen im eigenen Ich statt dumpfem Gehorsam diktiert) erst die eigentliche Individuation, Heraufkunft des Polis-Bürgers. Diese beiden Stücke Dialektik verkörpern sich schockierend konkret in den beiden Hauptvorgängen des ›Homburg‹-Dramas: als unkalkulierbare, schwankend-bestimmteste Schrittfolgen der Antagonisten. Erst die Lebens- und Sinnfülle solchen Doppelprozesses überwindet dessen eigene Vorlage, Friedrichs (genauer: Metastasios) preziöses Ballett der Amnestie und Zerknirschung, den winkenden, umarmenden Pas-de-deux von Souverän und Untertan im Wettbewerb der Selbstlosigkeiten. – Gnade, zu der sich Kleists Kurfürst durchringt, ist weder empfindsame Milderung, noch vernünftelnde Maß-Anpassung, noch gar autoritätsflüchtiger Widerruf der Gesetze und Strafen: Am Ende eines berserkerhaft stummen Gehirn- und Machtkampfs erglänzt sie als Gründung des von Spontaneität geheilten Rechtsstaats, »Vaterlandes«. Selbstopfer wiederum, wie es Kleists Prinz in wildesten Peripetien flieht, sucht, annimmt, will in keinem gobelinreifen Kniefall edelmütiger Reue aufgehen: Es erfüllt sich als durch Seelenfolter geprüfter Wandel des in sich befangenen Ich zum ganzen, gemeinschaftsfähigen Selbst. Die ›Homburg‹-Doppelhandlung wächst in dem Augenblick, da sie zu gelingen scheint, zum Versprechen realen, oder doch möglichen, Zusammenlebens: zur Rekonstruktion des Gemeinwesens, die frei bleibt von Verrat an der Erfahrung des Subjekts, am Aufbruch der Moderne.

Wohnen aber Kleists Phantasie wie Glaubhaftigkeit in
einer niegekannten, tastbar lebenszuckenden *Konkretion*
der Gedanken- gleich Handlungsprozesse – dann eben in
deren *Hindernissen*. Zwischen Gesetz und Gnade blockt
die *Angst* des Kurfürsten vor Anarchie, zwingt ihn, sich
starr an die Vergeltung zu klammern. Umsonst be-
schwichtigt Natalie: »O Herr! Was sorgst du doch? Dies
Vaterland! / Das wird, um dieser Regung deiner Gnade, /
Nicht gleich, zerschellt in Trümmern, untergehn.« – Zwischen Individuation und Selbstopfer keilt sich die *Angst*
des Prinzen vorm Tod, die ihn (»hilflos, ein Verlassener«)
auf sein engstes, wirrstes Ich zurückwirft. Gegen ihre zer-
rüttende Tatsächlichkeit wirkt wieder Natalies, der Mitt-
lerin, Beschwörung im Konditional seltsam phrasenhaft,
unzuständig: »Doch wenn der Kurfürst des Gesetzes
Spruch / Nicht ändern kann, nicht kann: wohlan! so wirst
du / Dich tapfer ihm, der Tapfre, unterwerfen.« Sie selbst
weiß es besser – und echot, zäsurtreibend in den Blank-
vers, den Hilfeschrei des Feigen: »Er denkt jetzt nichts,
als nur dies eine: Rettung!« Kleists thematische Erfindung, die Fabel vom schwierigen (oder hoffnungslosen)
Friedensschluß zwischen dem unendlichen Subjekt und
der endlichen Wirklichkeit, hat Kleists psychologische
Neuerung zum Korrelat: Angst als Fluchtpunkt der Charakteristik. Charakter heißt bei Kleist nicht mehr die Ge-
schlossenheit, die der einzelne als Wirkender, Erschei-
nender ins Gemeinwesen einbringt – sondern die je spezi-
fische Zerrissenheit zwischen dem, als was der einzelne
sich weiß, und dem, als der er unter Qualen gezwungen
ist, auf die anderen zu wirken, den anderen zu erscheinen.
Angst aber wacht, streift ruhelos entlang dem Grenz-
strich, Riß zwischen Selbstgefühl und Erscheinungswelt.
Kürzer, nämlich dramatisch, gefaßt: Angst ist das Ah-
nungswissen des einzelnen, daß er im Begriff sei, vom
Allgemeinen abzufallen – darum der wahre Ort seiner
Einzigkeit.

Daß das Unverwechselbare des Charakters sich in seiner Angst vollendet, wirft uns mitten ins Dilemma des ›Prinzen von Homburg‹. Je kunstvoll überzeugender Kleist die Einzigkeit-als-Vereinzelung seiner Figuren vorführt, um so unfreiwillig fataler widerlegt er deren Aufgehen in der Fabeltotalität, an dem nicht bloß die artistische Anstrengung, sondern auch die politische Sendung seines Dramas glückt oder scheitert. Das Platzen der Narbe zwischen Subjekt- und Objektwelt, das Kleists Leben periodisch krankmachte, verwüstete (Werben traf stets auf Befremdung, Plan auf Mißerfolg), wiederholt sich im Kunstwerk: Die Details empören sich gegen das Programm, und die äußerste Wahrheit der Konflikte bezeugt die letzte Unglaubwürdigkeit ihrer Lösung. – Gegen den scheinhaften Einklang, den in Deutschland fortan Romantik, Nationalismus, Imperialanspruch vom Einzelnen erpressen werden, prophezeit Kleist (da sein Versöhnungskonstrukt scheitert an unwiderleglicher Icherfahrung) krisenhaftes Auseinanderbersten. Dieses wird nicht nur die Wertung der Individualität, sondern auch alle Legitimation des Staates verändern. Je konkreter und doch grenzenloser sich nämlich das Ich fühlt, um so abstrakter und doch massig roher tritt ihm sein Widerpart entgegen. In den Kunstkonzepten: Ging es in ›Cinna‹ *bestimmt* um Monarchie oder Republik, so bekämpft im ›Prinzen von Homburg‹ Befehl *überhaupt* Ungehorsam. In der Historie: Mußte barocke Souveränität sogar im Rebellen den politischen Gegner anerkennen (den Nachzügler des Bürgerkriegs, den sie beendet haben wollte) – so dünkt der neuen Macht das Individuum schlechthin ihr Feind: zeitlos-permanente Bedrohung, ein Haufen Insubordination.* Die Grenzfigur Jedermann hieß einst Verschwö-

---

* Solch spekulativ-brutale Überspitzung erzwingt erst die Krise im ›Homburg‹: Wie unsinnig wäre es den Griechen (im Stück wie im Publikum) vorgekommen, falls der Westwind plötzlich geweht hätte, Iphigenie doch noch zum Opferaltar zu treiben; wie rasch würde Augustus den Cinna belohnt statt verurteilt haben, hätte der sich zu seinem Wohl statt Tod verschworen. In ›Homburg‹ gilt solche (humane) Pragmatik nicht: Das Vaterland ist gerettet, der Prinz als dessen treuer Untertan, ja Held erwiesen; dennoch soll er sterben.

rer, heißt nun Terrorist. Ihn zu zähmen, braucht es nicht der monarchisch absoluten, sondern der totalen Gewalt. Als Kunstgebilde weckt und zeigt das ›Homburg‹-Drama solche Tendenz – und kappt deren alle verfügbare Dramenform zerreißende Konsequenz.

Im August oder September 1809 schrieb Kleist ein Manifest ›Über die Rettung von Österreich‹. Es fordert den Habsburger-Kaiser auf, als »Wiederhersteller und provisorischer Regent der Deutschen« in ganz Deutschland eine von keiner Verfassung limitierte Herrschaft zu ergreifen. Philologen haben die ›Österreich‹-Schrift mit dem ›Prinzen von Homburg‹ sinnvoll zusammendatiert, sinnlöschend vermengt. Beide »integrieren«, mutmaßt Richard Samuel, »die Autorität mit dem ›Demokratischen‹«. Das Manifest aber beginnt: »Jede umfassende Gefahr gibt, wenn ihr wohl begegnet wird, dem Staat, *für den Augenblick, ein demokratisches Ansehen.*« Kleist propagiert den Appell an das Volk als scheinhaftes, widerwilliges Provisorium (Demagogie statt Demokratie), um damit das wesenhaft Provisorische eines Ausnahmezustands einzuleiten: Diktatur. »Die Regierung hat … ihre bestimmten Forderungen an das Volk zu machen, mit den Kräften desselben, auf jede denkbare Weise, willkürlich zu schalten, und um ihre Anordnungen von ihm zu erreichen, dem Geist derselben den schuldigen Respekt zu verschaffen.« – Kleists Diktaturformel stützt sich auf den altrömischen Auftrag zum (unumschränkten aber befristeten) Oberbefehl im Krieg – doch ihre Sprache, Moral nehmen schon die Machtergreifung einer Herrschafts- und Propagandamafia über eine bürgerliche Gesellschaft voraus. Kaum verheimlichte Verachtung für die totgewußte Monarchie durchdringt, durchaus nachrevolutionär, solche Gedanken, Anweisungen zur Tat. Der Legitimationswechsel von der Monarchie zur Diktatur, den der Möchtegern-Publizist dem Herrscher anrät, äfft und übertrumpft den Cäsarismus Napoleons, dem er wehren soll. Franz handelte zum Gegenteil des unerbetenen Rats: Er bestätigte seinen Verzicht auf den römischen

Kaisertitel (der in der Tat zu nichts oder nur zur Diktatur mehr taugte) und zog sich auf österreichische Erblegitimität zurück. Europa wurde, kaum hatte Kleist sich getötet, Napoleon sich kaputtgesiegt, ein letztes, schlecht genutztes Ausweichen beschert: vor der rechts- und linkstotalitären Theorie bis um 1848, vor deren Praxis noch für ein ganzes Jahrhundert.

Das Verhältnis des ›Prinzen von Homburg‹ zu Kleists politischen Programmen zwischen der ›Hermannsschlacht‹ und der ›Rettung von Österreich‹ verblüfft nicht durch Gleichheit der Probleme – sondern durch krassesten Gegensatz der Lösungsvorschläge. Diese Programme ohne Glück denken (unter Zwang und Vorwand eines nationalen Notstands) den modernen Zerfall aller Mediationen, Humanisierungen voraus und schon zuende: bis der Hohn für alte Kleinfürstlichkeit in einen Ruf nach neuer Totalgewalt ausbricht. Jene Tragödie mit Happyend dagegen versucht, das Auseinanderfallen von Einzelnem und Gemeinwesen, das sie doch darstellt, aufzuhalten, sich vor der Fehde zwischen Individualchaos und Staatsterror noch einmal in die Obhut des Patriarchats zu retten. Keiner konnte mit so glühendem Verzweiflungshoffen sich nach väterlich-milder Vermittlung sehnen wie der, der das Scheitern von Vermittlung erfahren und ausbuchstabiert hatte. Im ›Prinzen von Homburg‹ hätte die Restauration, wäre er weniger kühn, sie weniger feig gewesen, füglich ihr Credo (quia absurdum) erkannt.

II. Trug der Tradition

I

Das alte Preußen erscheint, ein kleines, überschaubares Land, in ›Prinz Friedrich von Homburg‹ als das Zuhause des Patriarchats. Wetteifernd halten die Antagonisten einander dessen Überliefertes vor. Auf »ein deutsches Herz, von altem Schrot und Korn«, pocht sinngemäß der Ältere, wenn er vom Jungen Opferzucht, wörtlich aber der Jüngere (II, 10), wenn er vom Alten »Edelmut und Liebe«, Begnadigung fordert. Was an Bildern der Politeia aufschimmert, malt noch provinzwarme Nähe- und Treuewelt, die von zwei Gefahren bedrängt wird: von den starren Benennungen des Rechts, vom chaotisch Unnennbaren der Anarchie. Kleists Liebe band sich an Wunsch-Preußen; sein Haß, Entsetzen trafen das Romanische (»Römische«), das ihn, vor allem Napoleonsschreck, als Provinzler in der Metropole Paris angefallen hatte: die entpersönlichte, unväterliche Riesenmaschine des Zentralismus vis-à-vis einer blind drängenden Masse von isolierten Privatmenschen, Vaterlosen. Der Schock Paris wurde ihm zur Symmetrieachse des Entscheidungsjahres 1801: davor das Verlassenwerden durch den Freund, die Kant-Katastrophe, Flucht aus dem Staatsdienst; danach der Traum vom Bauern- und Dichterberuf, erste Vision der ›Schroffenstein‹, das Abschütteln der Braut. Kleist kehrte vom »ekelhaften Ort« nicht als Legitimist zurück, wohl aber als sehnsüchtiger Fanatiker des Patriarchats. Nicht nur das heikel restaurative Idyll seines ›Prinzen von Homburg‹ bezieht Form und Schönheit von einer erhofften, durchlittenen Vater/Sohn-Befriedung. Noch seiner wildesten Hetzschrift ›Katechismus der Deutschen‹ wächst Zauber aus dem täppisch-trauten Köpfezusammenstecken von Sohn und Vater zu – vor einem flammend wüsten Weltprospekt, auf dem die Vaterfamilie, das Vaterland gewürgt werden durch Napoleon, dem »der Hölle entstiegenen *Vatermörder*geist«.

Der ›Prinz von Homburg‹ verherrlicht Friedrich Wilhelm als patrem patriae. Den Rücksprung (über die Leiche des kinderlosen, vaterfeindlichen Friedrichs II.) zu dem »viel nationaleren« Großen Kurfürsten hat Adam Müller 1809 Preußens Dichtern empfohlen; Kleist folgte dem als allererster. Sein Eifer eines Mustersohnes aber verkrümmt sich im Spiegel des Lebenslaufs: zur Buße für schmachvolles, zwanghaft repetitives Versagen, sich vor Land und Familie als Mann, möglicher Vater, zu bewähren. – Kleist, Kind aus einer Offizierssippe, hatte seinen Vater mit elf Jahren verloren: Er verstand, wählte sich nicht als frei vaterlosen, sondern als verlassenen, also verstoßenen Sohn. Mit zweiundzwanzig versuchte er, vom Väterlichen loszukommen und nahm seinen Abschied als Offizier. Noch wollte er (im schönen, jugendlich-sturen Bekenntnis an Martini) sich rechtfertigen: »Die größten Wunder militärischer Disziplin, die der Gegenstand des Erstaunens aller Kenner waren, wurden der Gegenstand meiner herzlichen Verachtung; die Offiziere hielt ich für so viele Exerziermeister, die Soldaten für so viele Sklaven, und wenn das ganze Regiment seine Künste machte, schien es mir als ein lebendiges Monument der Tyrannei.« Wie aber der Befreiungswille bald in Schuldgefühl umschlagen sollte, bezeugt schon der übernächste Satz, der Geheimstes der ›Homburg‹-Psychologie verrät: »Ich war oft gezwungen zu strafen, wo ich gern verziehen hätte, oder verzieh, wo ich hätte strafen sollen, und *in beiden Fällen hielt ich mich selbst für strafbar.*« Nicht Insubordination an sich, sondern daß Homburg/Kleist bei jedem Empörungsversuch nur seine Untauglichkeit für die Vaterrolle – Strafen und Verzeihen, Gesetze Geben und Gnade Gewähren – erfährt, verdammt ihn auf immer zum schuldigen Sohn.

Das Drama handelt vom Patriarchat – für Kleist von der Schuldigkeit, Schuld des (realen) Sohnes gegen den (imaginären) Vater. Friedrich Wilhelm hatte 1675 ein halbes

Dutzend Söhne, der Thronfolger war achtzehn Jahre alt – Hessenhomburg zweiundvierzig. Sollte die geschichtliche, geschichtsklitternde Anekdote vom Kurfürsten und Prinzen in ein Spiel vom vollkommenen Patriarchat gemodelt werden, so mußten des Kurfürsten Söhne verschwinden. Die Verantwortung für das dynastische Massaker, das Kleist anrichtete, fällt, unterschwellig durchs ganze Stück wirkend, auf seinen Helden zurück – als habe Homburg, Jung-Gloster, seine erbberechtigten Vettern aus dem Weg geräumt. Um den Effekt zu stützen, wird listig suggeriert, Natalie sei eine Art Thronfolgerin. Die Traumwandlerworte des Prinzen an sie, »Mein Mädchen! Meine Braut!«, lösen ein rätselhaftes Entsetzen im Hofstaat aus, das sich bei seiner Anrede an den Kurfürsten »Mein Vater!« steigert und erklärt. Homburgs Liebhaberrolle ist offenbar nur eine Verkleidung seiner beanspruchten Sohn-Rolle, diese aber immer schon strafwürdig: Usurpation. – Wieso es Verbrechen bedeute, Sohn sein zu wollen, präzisiert sich in der Werbung Homburgs um Natalie nach der Schlacht. Nur der geglaubte (albtraumhaft herbeigefürchtete, -gewünschte) Tod des Kurfürsten gibt dem Prinzen ein Recht auf dessen »Töchterchen«. Der Sieg durch Ungehorsam war Vatermord: nicht nur weil er den Kurfürsten sterben ließ; sondern weil er des Prinzen Absicht aufgedeckt, scheinbar eingelöst hat, den Kurfürsten zu ersetzen. Der »Verwaisten« ruft er zu: »Ich, Fräulein, übernehme eure Sache!« In hypertropher Heuchelei oder Verblendung beschließt er die Szene seines Triumphs: »Könnten wir/ Zu ihm aufstammeln: Vater, segne uns!« Fluch aber kommt von oben statt des Segens.

Im Augenblick der Beseitigung und Kanonisation des Herrscher-Vaters kippt das Schicksal des Prätendenten-Sohns vom Aufstieg zum Niedergang. Der Bruch weist sich prompt im Zusammenbruch der Nomenklaturen. Da der totgehoffte Alte dem Jungen rächend entgegentritt, weigert sich dieser zum ersten, einzigen Mal, »Sohn« zu

heißen: »Mein *Vetter* Friedrich will den Brutus spielen.../ Bei Gott, in mir *nicht* findet er den *Sohn*.« Sohn
sein, das weiß er, hieße wegen des mißglückten Patrizids
sterben. Kein Sohn sein zu dürfen, dünkt ihn aber bald
schlimmer als der Tod. Er bietet seinen Tod an, um sich
den Vater zurückzukaufen: »Doch dir, mein Fürst, *der
einen süßern Namen/ Dereinst mir führte*, leider jetzt ver-
scherzt,/ Dir leg ich tiefbewegt zu Füßen mich!.../ Der
Tod wäscht jetzt von jeder Schuld mich frei.« Nun allerdings nennt der Kurfürst den Prinzen zum ersten, einzigen Mal »Mein Sohn«. Er »küßt seine Stirn«. Es ist, als
erkenne der Vater den Sohn allein daran, daß der sich
selbst ihm opfert.

2

So reiht sich ›Der Prinz von Homburg‹ in die Jahr-
tausendefolge der Geschichten, Tragödien, Oratorien,
Opern über Kindesopfer und -selbstopfer ein. Deren
Struktur klemmt den Vater zwischen Gottesfurcht/Amts-
pflicht und Elternliebe. Das Pathos solch schärfster Be-
klemmung beansprucht für sich die Christologie als extrem theologisches, die Historie von Brutus dem Älteren
als extrem politisches Grenzparadigma, Idealabbild. Wie
die verketteten Mythen des Abraham, Jephta, Agamemnon, Idomeneus stets vom Vater, nie vom Kind her erzählt werden, so bringen sie jenem oberes Lob, öffentlichen Dank – dem Angeketteten aber (»und band seinen
Sohn Isaak und legte ihn oben aufs Holz«) nur instru-
mentelle Heiligung im Untergang. Das stur Wiederholsa-
me der Weltgeschichte solcher Tat und ihrer Rechtfertigung, immergleicher Jubel ob der immergleichen Betrübnis, läßt beargwöhnen: jener gott- und staatsgefällige
Glaubens- und Schmerzensakt ritualisiere, beschönige
tatsächlich nur einen ewig-mörderischen Generations- als
Herrschaftskampf. – Kleists verzweifelt bedingungslose
Suche nach dem Gemeinwesen endet im Ahnungsschock,
daß Sohnesmord nicht Lücke, sondern Kern, nicht Un-

fall, sondern Erfüllung des Patriarchats sei. Sein weit über alle Motivgeschichte hinausgreifendes Experiment, die Modelle ›Cinna‹ und ›Iphigenie in Aulis‹ ineinander zu verschränken, erhält von da her neuen, erschreckenden Sinn. Das schuldlose Mädchen, dessen Selbstopfer Emanzipation aus der Barbarei verhieß, wird abgelöst vom schuldbeladenen Sohn, mit dessen Rebellion sich Rückfall in die Barbarei künftig rechtfertigen wird. Tradition droht fortan, der Moderne Botschaft von unveränderlicher Vernichtung statt von möglicher Rettung zu bringen.

Vätern freilich, die ihre Töchter zum Opferaltar schleifen, steht in der Tragödie der Agamemnon-Bonus zu: Beweislos nimmt der Zuschauer an, daß der Mordende den Mord nicht will, obzwar begeht. Weil die Tochtertöter frei bleiben von dem Verdacht, sie hätten es unter frommem Vorwand aufs Leben des Nachfolgers abgesehen, verwischen ihre Fabeln die politisch-theologische Frage nach dem Patriarchat: zum Spektakel und Nachfühlgenuß pathoserregend zerrissener Affekte, Sentiments. Schuldlos stirbt die Tochter – davon färbt, weil die Tragödie pures Verbrechen ausschließt, pure Unschuld auf den Vater ab. Doch die großen Tragiker Euripides und Racine hatten genug Mut, den grobschlauen Sophismus solchen Gefühls- und Konventionsurteils mit darzustellen: Agamemnon nicht nur in die heroische Kollision von Vater- und Feldherrnpflicht, sondern auch ins Zwielicht von Feigheit und Ehrgeiz zu rücken – Iphigenie aber weitschallend zu verherrlichen.* – Verblüffender Um-

---

* Allein schon die Lobpreisung des sich opfernden Mädchens eignet sich allerdings dazu, von der Schmach des sie opfernden Vaters abzulenken. Durch jansenistisches Selbstverleugnungstraining verroht, begrüßt der Jephta-Kommentar der ›Bibel von Royaumont‹ (1670) gerade diesen Effekt: »Selbst wenn das Handeln des Vaters tadelnswert ist, verdient das der Tochter alle Bewunderung... Sie korrigiert irgendwie, was an der Tat seitens des Vaters fehlerhaft (défectueux) gewesen sein mag: Sie verwandelt ein unfrommes Schlachten in ein gottgefälliges Opfer.« Erst die Kritik der frühen Aufklärung prangerte das Skandalon an, fast schon Getöteten ein Plädoyer für ihren Töter abzupressen. Mit privatistisch-antipolitischem Elan griff sie die Unnatur des Vaters an, der den Tod der Tochter nicht bloß duldet, sondern mitbewirkt.

schlag erfolgt 1760 bei Diderot: Mit connaisseurhaftem Respekt und augenzwinkernder Komplizität lobt er die Tricks (»cette boîte-là«), mit denen Racine den König/Vater angeblich schuldlos macht, ja in den Brennpunkt aller Einfühlung rückt. Diderots Agamemnon grüßt hinüber zu Lessings Odoardo. Der Anbruch neuer, bürgerlicher Repression läßt im pater familias den wahren Helden der Tragödie sehen – verbreiten, daß der opfernde Vater mehr leide, mitleidswürdiger sei als das geopferte Kind.

Erst dieser Kontext öffnet die Fabel des ›Prinzen von Homburg‹ geschichtsgeschärftem Begreifen. Ihr Ruf an die Tradition, ihr Hängen und Verzweifeln am Patriarchat, ihre Auferweckung des Politischen forderten ganzen Problem- also Sujetwechsel. Kleists Tragödie kehrte sich hart gegen die vierzigjährige Hausse bourgeois-naturideologischer Vater-und-Tochter-Rührstücke: gegen die entlarvende Verketzerung der klassenfremden, die verschleiernde Sentimentalisierung, Moralisierung der klasseneigenen Vätermacht. Der archaischen Königstochter aber, die schuldlos für ihr Land litt (bevor jegliche Jungfrau/Tochter im Drama, von Lessings Emilia bis Sades Ernestine, tränenden Auges, wäßrigen Mundes zur Leidenden Unschuld pervertiert wurde) – der Ur-Retterin, Ur-Geretteten selbst wirft sich der Preußenprinz hilfeflehend, von Schuld erdrückt, vor die Füße. Seine beiden wehrlos unbändigen Peripetien der Angst (III,5) wie der Aufopferung (V, 7) suchen sich in Euripides' Versen, in Schillers Nachdichtung Ausweg oder doch Zuflucht:

1 a IPHIGENIE:
> »Töte mich
> Nicht in der Blüte! – Diese Sonne ist
> So lieblich! Zwinge mich nicht, vor der Zeit
> Zu sehen, was hier unten ist!...«
  b »Der raset, der den Tod herbeiwünscht! *Besser
  In Schande leben, als bewundert sterben!*«

I a DER PRINZ VON HOMBURG:
   »O Gottes Welt, o Mutter, ist so schön,
   Laß mich nicht, fleh ich, eh die Stunde schlägt,
   Zu jenen schwarzen Schatten niedersteigen!«
 b »Seit ich mein Grab sah, *will ich nichts als leben,*
   Und frage nichts mehr, ob es rühmlich sei.«

Nicht in solch tiefstem Jammer des »kakōs zēn kreisson ē kalōs thanein« zerfällt der Bund Homburgs mit Iphigenie, sondern im Zwang zum Positiven:

2 a IPHIGENIE:
   »Vernimm jetzt, was ein ruhig Überlegen
   Mir in die Seele gab! *Ich bin entschlossen,*
   Zu sterben – aber ohne Widerwillen,
   Aus eigner Wahl und ehrenvoll zu sterben!...
 b Ich werde *Griechenland errettet haben*...«
2 a DER PRINZ VON HOMBURG:
          »Ich habs mir überlegt,
   Ich will den Tod, der mir erkannt, erdulden!...
   Ruhig! Es ist mein unbeugsamer Wille!
 b Ich will *das heilige Gesetz des Kriegs,*
   Das ich verletzt im Angesicht des Heers,
   Durch einen freien Tod *verherrlichen!*«

Iphigenie opfert sich lebensfromm für Griechenland, Homburg todberauscht fürs Kriegsgesetz. Sie will den Sieg über die Barbaren; er den »Triumph« über den »Feind *in uns*, den Trotz, den Übermut«. Die Jungfrau wählt den heroischen, der Heros den disziplinarischen Tod.

Nicht Versöhnung mit dem Ganzen wartet auf das Subjekt am Kleistschen Kreuzweg von Gesetz → Gnàde und Individuation → Selbstopfer. Sondern die Elemente möglicher Sozietät dissoziieren sich, fallen einander heimtückisch an. *Gesetz* bemächtigt sich des *Selbstopfers*, als gelte dessen Tat nur ihm, der Stärkung, Versteifung seines

Weltregiments. Der wahre Grund und Zweck euripideischen Opfergangs hingegen, *Individuation* im Gemeinwesen, wird aus dem Spiel gedrängt – erdrückt von des Kurfürsten Kriegssatzung, die auch im Innern des Prinzen unumschränkt herrschen will. Subjektwerdung darf dem besiegt reuigen Einzelnen fortan nur als das gelten, was in ihr der Argwohn des Allgemeinen immer schon sah: »Trotz« und »Übermut«.

3

Gnade aber spielt die schiefste Hauptrolle im ›Prinzen von Homburg‹– diesem letzten »clemenza«-Spiel großer europäischer Überlieferung. Ganz fremd, verfemt scheint sie zunächst in dem Reich, darin der Schrei des Untertans nach Rettung nur als schändliche Merkwürdigkeit bestaunt wird: »Unmöglich, in der Tat?! Er fleht um Gnade?« Des Dramas wirkliche Merkwürdigkeit und Schande steckt nicht in der vielgeschmähten, mit Aufführungsverboten in Preußen quittierten Todesfurcht des Prinzen, sondern in der hochgerühmten Antwort darauf: in des Kurfürsten Gnadenbrief. Was sogar Montesquieu, allerklügster Hasser des Absolutismus, noch das »schönste Attribut der Souveränität« nannte: »das Geschenk der Gnade« wird hier vom Souverän selbst zur Falle umkonstruiert. – Des Kurfürsten »Er ist begnadigt!« in der Stückmitte erweist sich nämlich als der Wahrheit Gegenteil. Nicht nur versäumt der Herrscherbrief, die Schuld des Untertans aus fürstlicher Machtvollkommenheit zu tilgen. Sondern gerade mit seinem Zugeständnis besiegelt er höhnisch-trügerisch dessen Schuld: Der Kurfürst macht den Prinzen scheinbar zu seiner eigenen *Gnadeninstanz* – in Wahrheit aber zu seinem eigenen *Berufungsgericht*. So erst wird die politisch-theologische Stelle besetzt, der wundergleiche Riß und Spalt oberer Vergebung zugestopft durch das, was ihr zu durchbrechen aufgegeben war – die Totalität des Gerichts. »Wenn er den Spruch für *ungerecht* kann halten,/ Kassier ich die Artikel: er ist frei!« In des Prinzen

Replik darauf hat Kleist die ganze Unfreiheit des einzelnen im Verlies-Universum totalen Gerichts durchchiffriert, wenn man's nur lesen will: »Daß er mir *unrecht* tat, wie mir *bedingt* wird,/ Das *kann* ich ihm *nicht* schreiben; *zwingst* du mich...« Unter der Bedingnis labyrinthisch umstellenden Zwangs muß nun der Entscheid des Subjekts fallen. Schlimmer noch: Es wird entscheiden, solchen Zwang als seine Freiheit anzusehen. Eben als Subjekt wird es vollziehen, was an ihm vollzogen wird, die Liquidierung des Subjekts.

Man hat versucht, aus dem Stück Bitternis gegen den preußischen Rechtsstaat herauszuhören. Bevor Kleist geboren wurde, war Beccarias, Voltaires Kampagne für Gerechtigkeit über Europa geflutet. Indes gelang es deutschen Fürsten, zumal Friedrich, ihren Pakt mit dem Bürgerstand an Rechtlichkeit statt Gerechtigkeit zu knüpfen: Verehrt wurde der Monarch, der sich an die von ihm geschaffenen Gesetze hielt. Jene Heimatluft repressiven Biedersinns stieg auf, in der der Untertan nicht Rechte für sich (und alle) erstreitet, sondern aufpaßt, daß kein Nachbar derer mehr bekommt als er. – Nicht solcher Spottgeburt von aequitas gilt jedoch Kleists Preußen-Kritik. Auch hier sucht er seine Moderne, indem er hinter die Aufklärung regrediert: dem Herrscher Großmut statt Verfassung und Gesetzbuch, dem Staat mehr Spontaneität statt mehr Rationalität abverlangt. Wieder verschärft er provokant seine Fabel ins fast Unerträgliche: Er nötigt sie, mühevoll alle mildernden Umstände aufgeklärter Juristerei zu sammeln, um dann alle wegzufegen. Was je vorm Richterstuhl der Ratio Begnadigung rechtfertigen, erfordern konnte, spricht für den Prinzen: fehlendes Unrechtbewußtsein, persönliches Verdienst, Nutzen statt Schaden seiner Tat für die Gemeinschaft – ja, verminderte Zurechnungsfähigkeit des Schlafwandlers in der Nacht, des Verwirrten am Morgen. Doch der Kurfürst läßt derlei Vernünftelei an seinem Schweigen abprallen. Nicht soll Amnestie die Schuld in Gründe auflösen; sondern grundlos-unergründlich soll Gnade einen Schuldigen treffen.

Das Schweigen des Kurfürsten (wie Kommerell es bedeutend beschrieb) trennt aber seinen Akt, statt nur von polemisch mißdeuteter Aufklärung, zugleich von dessen selbstgesuchter Tradition, beglaubigend zitiertem Barock. Denn Verzicht auf rhetorisches Sich-Offenbaren der »Mildigkeit« tilgt auch ihren feierlich öffentlichen Gestus (das gebärdegewordene »Steh auf!«), der da Verschonen mit Erneuern, Erhaltung mit Schöpfung wundergleich einte. Spiegel der Restauration ist das ›Homburg‹-Drama zuvörderst darin, daß es die Chance bald nach 1810, aus geheilter Vergangenheit Zukunft – Gemeinwesen – zu stiften, insgeheim als eine schon versäumte, überholte weiß.

Als am Ende des letzten, verspäteten »clemenza«-Dramas *Gnade* zuallerletzt, verspätet eintrifft, ist ihr wahrer Gegenstand längst erloschen. Einst, in barbarischen, noch in feudalen Zeiten mag die Tat oberer, heilender Willkür nur dem baren Leben oder der abstrakten Ehre eines Schuldigen (Besiegten) gegolten haben. Am Eingang der Moderne spüren es widerstrebend sogar die Mächtigen, daß Gnade ein tief Anderes meinen muß: Der im Amtsbarock verstockte Feldmarschall verruft es zitternd als »Rebellion«; der Kurfürst, mit Ausblick in schon totalitäre Optionen, schimpft es »Unordnung«. Beider Terminologie greift zerstörerisch fehl, nennt am Gemeinten nicht das zu Rettende, sondern den obsessiv gefürchteten, zu vernichtenden Feind. Vor- und rückgreifendes Ressentiment aus Barock und Moderne definiert, grenzt ein, erdrückt, was als ihr flüchtig Mittleres Flucht sucht aus der Unheilsgeschichte des Patriarchats. Zwischen absolutem und totalem Staat nämlich, in der Gnaden-Frist Europas zwischen Souveränität und Diktatur war jenes Schutz- und Gnadenbedürftige erwachsen, das in Kleists Drama, mit Kleist wieder zerbrach. Es hieß mit richtigem Namen: die Einzigkeit des Einzelnen, Hoffnung der Söhne, *Autonomie*. – Daß dem ›Prinzen von Homburg‹ durch keine Tradition zu helfen war, erlaubt, erzwingt die Umkehrung der Frage: Wie steht die Tradition da im Katastrophenlicht von Kleists höchstem, schönstem Scheitern? Versagte Kleists alles wagendes Experiment der Versöhnung-als-Gemeinwesen an eigener, von Goethe teilnahmslos monierter »Hypochondrie«, am subjektivistischen Sündenfall der Moderne – oder trieben vielmehr die Lügen alter Versöhnungen, welche der Väter-Totalität immer schon Recht gegeben, das Sohn-Subjekt aber mit Herrschergnade oder Ritualtodesruhm abgefunden hatten, den Wagenden in die Vernichtung? – Weiter: Staats- und Individualterror, die nach Kleist kamen, deren Kampf er vorformte, deren Greuel er vorauslitt, wer ist an ihnen schuld: der nicht mehr politikfähige Einzelne – oder der nicht nur gnaden-, sondern schließlich auch gesetzesmüde, gesetzlose Staat?

Kleist beschrieb mit manischer Präzisionswut immer wieder Gerichtsprozesse zwischen Basel und Fehrbellin, zwischen Huisum und Dresden, die mit gleichsam weltgeschichtlichem Impetus zum gräßlichsten Ende drängten. Die Weltgeschichte maßte sich Urteil in Kleists eigenem Prozeß an. Sie trieb das Versagen der Mediationen zwischen Subjekt und Objekt voran: über die Entrechtung des Individuums bis zum totalen Gericht, das um so lückenloser funktioniert, als es sein Gesetz verschweigt, ja, selber nicht mehr zu kennen scheint. Gegen die Connaisseure solchen Verhängnisses, die sich zu Kleists Erben machten (von drei Abschließenden sei die Rede zum Schluß), wehren sich die Unruhe seines Streitens und Wissenwollens, die Maßlosigkeit seiner querulantischen Qualen. Sie geben die Sache des versöhnungssüchtigen Einzelnen, Vereinzelten noch als verlorene nimmer auf. Weil Kleist seine Sache nicht der Weltgeschichte, keinem angemaßten Weltgericht anvertraute, sondern sie mit jedem in Schmerz vollendeten Satz seiner Stücke, Erzählungen einsam weiterverfocht: nur deshalb dauert sein Prozeß nach allem realen Schuldspruch fort – seit jenem ersten, ungerechtesten, den er, als ›Der Prinz von Homburg‹ beendet war, selbst über sich fällte.

Ein Schweiger ist Kierkegaards Held: der Erzvater, Stammvater, Patriarch Abraham. »Abraham kann nicht mediiert werden, was auch so ausgedrückt werden kann: Er kann nicht reden.« Wollte Abraham (da er frühmorgens seinen Esel bepackt mit Zunder und Holz, Schlachtmesser und Kind) plötzlich doch sagen, was er zuinnerst über Gott, sich, Isaak weiß – so zeugte seine Zunge, so gebäre sein Mund das Kleistischste aller Sprachgeschöpfe: ein Mißverständnis. »Sobald ich rede, drücke ich das Allgemeine aus; und wenn ich das nicht tue, kann mich niemand verstehen.« Diese Begriffslehre des Unaussprechlichen von 1843 treibt erst jene Tragödie des Sprachversagens von 1810 auf ihren puren, letzten Begriff: das Ende aller Vermittlungen. ›Der Prinz von Homburg‹ erstarrt in ›Furcht und Zittern‹. – Freilich versuchte Kleist noch voll Zweifel, Verzweiflung, den Sturz des Individuums in seine eigene Unendlichkeit aufzuhalten; Kierkegaard hingegen türmt auf die Kluft selbst, die den Einzelnen spaltet vom Allgemeinen, seine Feste neuer Theologie. »Der Glaube ist eben dieses Paradox, daß der Einzelne als der Einzelne größer ist als das Allgemeine, daß er diesem berechtigt gegenübersteht, nicht subordiniert, sondern übergeordnet – daß der Einzelne als der Einzelne in einem absoluten Verhältnis zum Absoluten steht.« Welche Wendung in der Not: Gott selbst erspart uns die ganze Plackerei, schmerzvoll aufsässige Individualität noch mit dem Gemeinwesen zu versöhnen. Gesegnet statt verflucht aus der Höhe ist der einsam Inkommensurable. Kleists Niederlage wird zu Kierkegaards Triumph.

Nur: Alles Sich-Loswinden vom Allgemeinen, alles Sich-Aufschwingen zum Absoluten enthebt den Patriarchen nicht dem Opferzwang. Er opfert sich, indem er »sein Fleisch und Bein« opfert: seinen, nach Gottes Wortlaut, »einzigen Sohn« (den andern hat er früher schon in die Wüste gejagt). Nicht neuer Freiheit des Selbst, sondern dem Bund zwischen Vätern, als dem Ältesten, dankt das »absolute Verhältnis« seine Geltung, Evidenz. Sein Idiom ist dennoch weniger urtümlich fromm als modern diktatorisch: Befehl und Schweigen. Ja, dies ist, was Kierkegaard uns verschweigt: daß Abrahams Schweigen gegen Isaak auf dem langen Weg zum Berg Morija bloß Gottes Schweigen gegen Abraham untertänig-rüde nachmimt; daß die leidende Innerlichkeit seines Glaubensverhältnisses schließlich nichts als die blutige Tatsächlichkeit jenes Befehlsverhältnisses abbildet, exekutiert, verherrlicht. – Kierkegaards Tat, Entpolitisierung, wirkt ein radikal Politisches. Im Reservat privater Eigentlichkeit wechselt zunächst die Figur des Vaters (im Wechsel vom Kurfürsten zum Erzvater) von den Bestimmungen des Rechts zurück zur Gewalt des Mythos. Dort auch häutet sich die Schutzbehauptung überalterter Tragödienkönige, ohnmächtige Elternliebe unterliege leider allmächtiger Herrscherpflicht, unbehelligt zum Reservewissen für künftige Machthaber: Gerade die Entmachtung des Einzelnen werde dereinst die Ermächtigung eines Einzigen befördern – den totalitären Ausgang des Patriarchats. Abrahams Schweigen sagt: Das Opfergebot von oben, von Vater zu Vater gegen den Sohn, läßt sich fortan weder vom Opfernden noch vom Opfer befragen, nur fürchtend und zitternd befolgen. Das Absolute ist das verstummte Allgemeine. Es ist Herrschaft, die sogar jede Rechtfertigung ihres Mordbefugnisses zu nennen verschmäht.

Liquidierung der Öffentlichkeit beendet das Kapitel, das ein neues und doch immergleiches Patriarchat dem Experiment der Autonomie als gescheitertem zuweist. In Kierkegaards Lob-und-Destruktion der ›Giovanni‹-Oper (1841-42) kommt die Idee Ensemble nirgends vor. Getilgt wird, daß Öffentlichkeit der frei Sich-Eröffnenden einst den Raum der Autonomie schuf: daß es dem Subjekt glückte, fühlend schon zu reden, redend schon zu handeln. In Kierkegaards Lob-und-Restauration der Abraham-Sage (1843) versinkt die Rede des Helden in qualvollem innerem Monolog – über den hinweg sein Fühlen und Handeln sich neubarbarisch, notfalls zum Totschlag, einen. Der Autor aber macht die gequälte Rede (voll der schlechten Späße dessen, dem alle Freude verdorben ward) zum Stil, ja zur Leitgattung seines Œuvre: Selbstanzeige – Annonce und Denunziation – jenes Rests von Individualität, der noch nicht Schweigen ist. – Nach Kierkegaard überlebt das ohnmächtige Subjekt, indem es als politischer Theologe, Mythologe (Sprachrohr der stummen Übermacht) sich ausnimmt von der Vernichtung des autonomen Subjekts, die es verkündet. Es prophezeit, propagiert die neue Welt des Opfers, deren mörderisches Gesetz Undurchdringlichkeit heißt – und deren mörderische Undurchdringlichkeit sich »Gesetz« heißen wird. Dichtung wie Jurisprudenz verhöhnen bald die aufgeklärte Forderung klarer Gesetze als liberale Rechthaberei; ja, eben solche Querulanz des Einzelnen macht vorm Gericht mythischer Willkür schon den Beweis seiner Schuld, den Grund seiner Verurteilung aus. Der Rechtsexeget unter Dichtern wird in ›Das Urteil‹ (1912) irreduziblen Entscheid des Oberen zum Inhalt seines Unrechtspruchs formen: Hinrichtung des Sohns durch den Vater. Der Allegoriker unter Juristen wird aber in ›Gesetz und Urteil‹ (1912) obere Dezision zur Methode aller Rechtsprechung formalisieren: Entrechtung, Entmachtung, zuletzt Auslöschung des stets schuldigen Einzelnen.[*]

Als dann eine gesetz- und gnadenlose Obrigkeit ihr Recht vollends mit Auslöschen des Machtlosen gleichsetzt, wird jener Jurist sie rechtfertigen: die nackten Morde des Er-

[*] In bestürzender Zeit- und Fragenparallele entstand auch danach Franz Kafkas und Carl Schmitts Werk: ›In der Strafkolonie‹ und ›Der Prozeß‹ 1914 wie ›Der Wert des Staates und die Bedeutung des Einzelnen‹; ›Das Schloß‹ 1920–22 wie ›Die Diktatur‹ und ›Politische Theologie‹. Nicht vergessen sollte man den Unterschied zwischen einem, der das Verhängnis existentiell durchleidet, und einem, der es intellektuell genießt und politisch benützt. Doch der Extremismus der Rationalität, mit dem die beiden Zeitgenossen den Sturz aller ratio voraus- und zuendedachten, verbindet nicht nur ihre Themen, sondern auch ihren innersten »Stil«.

mächtigten »richterlich rächende Verwirklichung dieses Rechts« nennen (Carl Schmitt, Der Führer schützt das Recht; Deutsche Juristen-Zeitung, 1. August 1934). Das Wortspiel, Orakeltücke etymologischer Regression läßt »Recht« zurück in »Rache« als seinen Ursprung stürzen. Die Erinnyen werfen nach zweieinhalb Jahrtausenden ihre Eumenidenmasken ab. Rächend zählen sie jetzt dem Patriarchat vor, das ihre uralte Herrschaft rechtstiftend zähmte, womit es seine neue, ungezähmte Herrschaft zu bezahlen habe: Rückfall alles Rechts in tödlich totale Rache.

NICHTS IST SO HÄSSLICH ALS DIE RACHE. – So belehrt uns das Schluß-Vaudeville der ›Entführung aus dem Serail‹ in eben dem Augenblick, da (in märchenironisch strahlendem Bühnenlicht, Morgenlicht) Gnade Autonomie erstmals in Freiheit entläßt. Der Rundgesang der Befreiten aber hat zu seinem Geist und Rhythmus den Abzählreim. Ausgezählt wird der Rachgierige: »Wer so viel Huld vergessen kann, / Den seh man mit Verachtung an.« Nicht ins Gefängnis, Irrenhaus, KZ kommt also, wer zu den Überzähligen zählt. In die Ecke gestellt wird Herr Osmin, bis er gelernt hat, was ihm die andern nun holdandächtig vorsingen: »menschlich, gütig sein und ohne Eigennutz verzeihn«. – Mozarts Racheverbot, Gnadengebot gibt dem morgenfrühen Singspiel (bevor es den Bassa mit seinen Janitscharpuppen alleinläßt) noch keinen sonor triumphalen Priester- und Volkschor »Es siegte die Stärke« zum guten Schluß. Sondern hell altkluger Kindergesang leiert im Refrain fröhlich, ein wenig schadenfroh drauf los – als hätten sich Vier Knaben rasch in die Kleider, die Stimmen von Konstanze und Belmont, von Blonde und Pedrillo versteckt. Die Rätselfrage an ihre Klugheit lautete: Wie wird man das Böse los, ohne daß, »Katz frißt Maus, Du bist raus!«, das Gute deshalb böse wird? Das weiß doch jedes Kind, antwortet uns der letzte Refrain. »Wer dieses nicht erkennen kann…«

Anmerkung

Ich danke dem Wissenschaftskolleg zu Berlin – von Herzen seinem Rektor Peter Wapnewski –, das diese Arbeit in einem Klima von Freiheit und Freundlichkeit möglich gemacht hat. Fritz Arnold und Norbert Miller lasen das noch Unfertige mit, haben gröbste Fehler verhindert und zu dem, was an der Sache etwas taugen mag, beigetragen.

Alles, was man über Musik wissen kann: MGG – die große Enzyklopädie der Musik in 17 Dünndruck-Bänden

Die Musik in Geschichte und Gegenwart
Allgemeine Enzyklopädie der Musik

Herausgegeben von Friedrich Blume

17 Dünndruck-Bände (Format 16,8 x 24 cm) mit insgesamt 18 168 Seiten (rund 32 000 Spalten), 12 288 Schlagwörter, 1396 Tafeln, 5866 Abbildungen im Text, 1870 Notenbeispiele, 106 Notentafeln und 281 Tabellen im Text, Register mit 300 000 Stichwörtern.

Diese Enzyklopädie vereinigt den Inhalt einer großen Musikgeschichte der Welt mit den Biographien aller bedeutenden Musiker von der Antike bis zur Gegenwart.

dtv/BVK 5913/DM 980,–

Wolfgang Amadeus Mozart
bei dtv/Bärenreiter

Mozart Dokumente seines Lebens

Herausgegeben von Otto Erich Deutsch und Joseph Heinz Eibl

dtv dokumente

Chronologisch geordnete Lebenszeugnisse. Herausgegeben von Otto Erich Deutsch und Joseph Heinz Eibl. dtv 2927 / BVK 2927

Wolfgang Amadeus Mozart Chronik eines Lebens

dtv/Bärenreiter

Eine tagebuchartige Beschreibung von Mozarts Lebensweg und seiner künstlerischen Entwicklung. dtv 11254 / BVK 562

H.C. Robbins Landon: 1791 Mozarts letztes Jahr

dtv/Bärenreiter

H.C. Robbins Landon räumt auf mit den Mystifizierungen und Spekulationen über Mozarts frühen Tod. dtv 11358 / BVK 1012

Ivan Nagel: Autonomie und Gnade

Über Mozarts Opern

dtv/Bärenreiter

Ein konzentrierter Essay über Mozarts Opern und ihre Entstehungszeit. dtv 11359 / BVK 1011

Mozarts Bäsle-Briefe

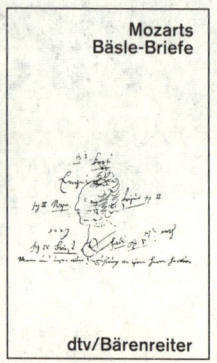

dtv/Bärenreiter

Die berühmt-berüchtigten Briefe des jungen Mozart an seine Cousine Maria Anna Thekla. dtv 4323 / BVK 4323

Ulrich Dibelius: Mozart-Aspekte

dtv/Bärenreiter

Eine unkonventionelle, der heutigen Zeit entsprechende Begegnung mit Leben und Werk Mozarts. dtv 11357 / BVK 1013

Über Musik und Musiker bei dtv/Bärenreiter

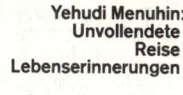

Yehudi Menuhin: Unvollendete Reise Lebenserinnerungen

dtv/Bärenreiter
Biographie

Dietrich Fischer-Dieskau: Robert Schumann Wort und Musik
Das Vokalwerk

dtv/Bärenreiter

Burton Bernstein:
Die Bernsteins
dtv 11097 / BVK 946

Walter Blankenburg:
Einführung in Bachs
h-moll-Messe BWV 232
dtv 4394 / BVK 4394

Carl Dahlhaus:
Wagners Konzeption
des musikalischen
Dramas
dtv 4538 / BVK 4538

Alfred Dürr:
Die Kantaten von
Johann Sebastian Bach
dtv 4431 / BVK 4431

Alfred Dürr:
Die Johannes-Passion
von Johann Sebastian
Bach
Entstehung,
Überlieferung,
Werkeinführung
dtv 4476 / BVK 4476

Dietrich
Fischer-Dieskau:
Robert Schumann
Das Vokalwerk
dtv 10423 / BVK 755
Nachklang
Ansichten und
Erinnerungen
dtv 11257 / BVK 987

Hermann Keller:
Das Wohltemperierte
Klavier von Johann
Sebastian Bach
Werk und Wiedergabe
dtv 4373 / BVK 4373

Yehudi Menuhin:
Unvollendete Reise
Lebenserinnerungen
dtv 1486 / BVK 1486

Gerald Moore:
Bin ich zu laut?
Erinnerungen
dtv 1217 / BVK 1217

Gerald Moore:
Abschiedskonzert
Weitere Erinnerungen
dtv 1763 / BVK 1763

Gregor Piatigorsky:
Mein Cello und ich
und unsere Begegnungen
dtv 1080

Richard Wagner:
Die Musikdramen
dtv klassik 2085

Richard Wagner:
Ein deutscher Musiker
in Paris
Novellen und Aufsätze
von 1840/41
dtv klassik 2215

dtv junior

Karla Höcker:
Franz Schubert in
seiner Welt
dtv 79019

Das Leben des
Wolfgang Amadé Mozart
dtv 79011

Clara Schumann
dtv 79015

Carl Maria von Weber
Schöpfer der
Romantischen Oper
dtv 79027

Musik im
Taschenbuch
bei dtv/
Bärenreiter

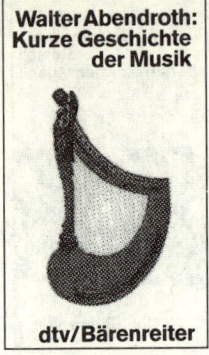

**Walter Abendroth:
Kurze Geschichte
der Musik**

dtv/Bärenreiter

**Nikolaus
Harnoncourt:
Der musikalische
Dialog**
Gedanken zu Monteverdi, Bach und Mozart

dtv/Bärenreiter

Walter Abendroth:
Kurze Geschichte
der Musik
dtv 10991 / BVK 927

The Beatles Songbook
Herausgegeben
von Alan Aldridge
dtv 745

Wolf Burbat:
Die Harmonie des
Jazz
dtv 4472 / BVK 855

Michael Dickreiter:
Musikintrumente
Moderne Instrumente
– Historische
Instrumente –
Klangakustik
dtv 3287 / BVK 3287

Epochen der Musik-
geschichte in
Einzeldarstellungen
edition MGG
dtv 4146 / BVK 4146

Peter Michael Hamel:
Durch Musik zum
Selbst
Musik neu erleben
und erfahren
dtv 1589 / BVK 1589

Nikolaus Harnoncourt:
Musik als Klangrede
Wege zu einem neuen
Musikverständnis
Essays und Vorträge
dtv 10500 / BVK 764

Nikolaus Harnoncourt:
Der musikalische
Dialog
Gedanken zu
Monteverdi, Bach
und Mozart
dtv 10781 / BVK 814

Dieter Hildebrandt:
Pianoforte oder
Der Roman des
Klaviers im
19. Jahrhundert
dtv 10990 / BVK 928

Musik im Taschenbuch bei dtv/Bärenreiter

**Rüdiger Liedtke:
Die Vertreibung
der Stille**

Wie uns das Leben unter der
akustischen Glocke um unsere Sinne bringt

dtv/Bärenreiter

Peter Rummenhöller:
Romantik
in der Musik

dtv/Bärenreiter

Gerard Hoffnung:
Scherzando
Cartoons
dtv 1772

Rudolf Kloiber/
Wulf Konold:
Handbuch der Oper
2 Bände
dtv 3278/79
BVK 3278/79

Clemens Kühn:
Gehörbildung im
Selbststudium
dtv 10073 / BVK 760

Clemens Kühn:
Formenlehre der
Musik
dtv 4460 / BVK 4460

Rüdiger Liedtke:
Die Vertreibung der
Stille
Wie uns das Leben
unter der akustischen
Glocke um unsere
Sinne bringt
dtv 10849 / BVK 857

Diether de la Motte:
Harmonielehre
dtv 4183 / BVK 4183

Diether de la Motte:
Kontrapunkt
Ein Lese- und
Arbeitsbuch
dtv 4371 / BVK 4371

Musikalische
Gattungen in
Einzeldarstellungen
edition MGG

Band 1:
Symphonische Musik
dtv 4381 / BVK 4381

Band 2: Die Messe
dtv 4420 / BVK 4420

Musikinstrumente in
Einzeldarstellungen
edition MGG

Band 1:
Streichinstrumente
dtv 4377 / BVK 4377

Band 2:
Blasinstrumente
dtv 4388 / BVK 4388

Charles Rosen:
Der klassische Stil
Haydn · Mozart ·
Beethoven
dtv 4413 / BVK 4413

Dane Rudhyar:
Die Magie der Töne
Musik als Spiegel
des Bewußtseins
dtv 10860 / BVK 1086

Peter Rummenhöller:
Die musikalische
Vorklassik
dtv 4410 / BVK 4410

Peter Rummenhöller:
Romantik in der
Musik
dtv 4493 / BVK 4493

Texte deutscher
Lieder
Herausgegeben von
Dietrich
Fischer-Dieskau
dtv 3091

Musik zum Anschauen

dtv-Atlas zur Musik
von Ulrich Michels
Tafeln und Texte
2 Bände
Originalausgabe

Band 1:
Systematischer Teil
Historischer Teil: Von den
Anfängen bis zur Renaissance
Mit 120 Farbtafeln

Band 2:
Historischer Teil: Vom Barock
bis zur Gegenwart
Mit 130 Farbtafeln

dtv/Bärenreiter 3022/3023